大樂文化

大樂文化

大樂文化

堅定的態度

SAVING ALEX

在霸凌與偏見的世界裡，我決定在16歲時戰勝你！

艾莉克絲．庫柏 Alex Cooper
喬安納．布魯克斯 Joanna Brooks ◎著
龐元媛◎譯

CONTENTS

第2部

面對殘忍霸凌與改造，內心激起「我自救」

第3部

我要說出我是誰，要向不公義「說不！」

序言
我的堅定態度，是「反霸凌」的力量來源

「你看那個變態。」客廳的暗處傳來這句話。我面向牆壁站著，背包的重量噬入雙肩，痛得站不直。

「妳死定了變態。」我不知道已對著牆壁站了多久，為了減輕疼痛，一聲不吭地變換雙腳重心。「家人都不要妳，上帝不會守護妳這種貨色。」

我只能從午後天空逐漸蔓延的黑暗，得知時間的流逝。燈光明暗交替，一群人來了又走，就這樣過了一小時又一小時、一天又一天。那些人全都是好人，他們認為我活該落得如此境地，因為這是上帝的旨意。

從小爸媽就告訴我：「上帝幫每個人規劃了一條路。」只要順著這條路走，就能活在上帝的庇護下，永遠都是大家庭的一份子，這是爸媽最大的心願。正因為這份過度嚮往，他們寧願把我送到別人家中，而那些人承諾會不惜一切代價改造並治癒我。

我面向牆壁站著，「死變態」三個字摑了我一記耳光，疼痛噬入後背。我知道自己的不同之處，正是力量來源，因此決心靠這股力量逃出去，與家人重聚，擁抱真正的自我。

第 1 部

即使會引起非議，我仍堅持「我願意」

1

我曾經相信，家人永遠不會分開

我知道父母一心只為家人的安全著想，不然何必搬到蘋果谷居住？蘋果谷位於洛杉磯東邊的大山脈後方，四周放眼望去盡是沙地、絲蘭❶、約書亞樹❷。

貫穿小鎮的大路叫作「快樂足跡公路」，因為《快樂足跡》（*Happy Trails*）的原唱羅伊·羅傑斯（Roy Rogers）與黛兒·埃文斯（Dale Evans）夫婦，曾在小鎮邊緣住了一段時間。那是蘋果谷的昔日好時光，電影明星特別到此蓋牧場、騎馬，逃離城市生活壓力。

不過，我們家之所以決定逃離城市，是因為爸媽希望孩子過著安全快樂的日子，卻沒有信心做到，應該說對經濟能力沒把握，而且即使已經搬到郊區，仍然沒自信。

媽媽的生活壓力很大，第一任丈夫死於早發性心臟病，她靠著護理師的薪水，養活我五個哥哥、姐姐還有我。媽媽是個美人，留著一頭紅髮，她的個性敏感，有種獨特的堅強，卻又稱不上鬥士。她一心只想讓自己和所愛的人都過得舒舒服服。我覺得無論這世界變成什麼樣子，她一定都會把指甲修剪得漂漂亮亮。

我媽媽出生並成長於篤信摩門教的大家庭，有七個兄弟姐妹。外公原本不是摩門教徒，後來才皈依，外婆全家則非常虔誠，從十九世紀初創教至今，始終是摩門教徒。媽媽的曾曾曾祖父母是摩門教的創始教徒，當年拋下既有的一切，跨越平原抵達猶他州，按照自己的信仰過日子，因此媽媽幾乎每星期天都會上教堂。

爸爸當年第一次跟媽媽相親時，並不是摩門教徒，後來才決定皈依，但他從來沒說過為何會做出這個決定。依照爸爸的個性，星期天絕對不會為了聚會早起，或是向大家分享皈依摩門教的經過及內心感受。他私下對我說過，思考了幾個月後才確定摩門教適合自己，也許是因為媽媽非摩門教徒不嫁，也許是因為他當過軍人，欣賞摩門教嚴格的秩序與生活規範，以及教會牢不可破的指揮體系。或者，他只是想要一個新的開始。

爸爸從沒說過愛上媽媽哪裡，為何只認識六個月就向她求婚。從他們相處的樣子可以看得出來，兩人需要彼此。爸爸喜歡媽媽在身邊照顧他，操持一個家，包括做飯和打掃，因為

❶ 絲蘭是一種耐旱的常綠植物，生長於炎熱與乾燥地區，葉子以基部放射狀生長、葉片狹長。

❷ 一種沙漠植物，外貌高大、外型獨特，葉子呈現細針狀。美國南加州的約書亞樹國家公園，即是以此樹命名。

他對這些不在行。至於媽媽嫁給爸爸的理由很簡單：他是第一個完全不在意她帶著五個孩子的男人。我覺得他們之間有種默契：無論如何都要照應彼此，兩人也都遵守這個默契。

在爸媽打造的家園中，四周圍繞著杏樹、梨樹、李樹，春季開花朵朵，夏季結實纍纍，院子裡有小雞、公雞、兔子。這些景致讓媽媽想起，童年在加州農牧小鎮度過的時光。我們家所在的街上，總會有一群孩子騎單車或機車遊玩，直到太陽下山才回家。另外，屋裡有幾面牆掛著耶穌像，玄關的桌上擺有一棵木製小樹，樹幹上寫著我們全家人的名字。

爸爸的工作是房貸業務員，總是帶著裝滿文件的大公事包，開車跑遍南加州，挨家挨戶推銷房貸，幫助那些人購買適合家庭居住的房子。他每天一大早，就開著又大又吵的小貨車出發，回家時我通常已經就寢。

媽媽一手帶大第一段婚姻的五個孩子，由於非常喜歡當家庭主婦，便辭掉護理師的工作，待在家裡照顧我，並在每天放學時間接我回家。回到家後，我會坐在廚房的餐桌前寫功課，等她煮完晚飯，我們吃完飯後，窩在沙發上藍白相間的編織毛毯中，舒舒服服地看電視。我習慣用手指掃過毯子邊緣的毛線流蘇，一一梳開打結的地方。隨著夕陽西下，屋裡越來越暗，最後只剩電視螢幕的亮光。

我跟每個摩門教的孩子一樣在八歲受洗，並由爸爸負責浸禮。每天晚上等爸爸回到家後，全家一起進行睡前禱告，跪在我的床邊，雙手放在紫綠相間的碎花床單上。通常由爸爸代表全家大聲說出禱告詞，祈求天父護佑我們。

星期一晚上，爸媽會拿著教會發的手冊，向我分享裡面的內容，結束後再一起吃自己做的美食，那是我最喜歡的時光。每逢星期一晚上，全世界的摩門教徒都會上演同樣的節目，稱之為家庭之夜。

雖然當時我年紀還小，但種種跡象顯示，我在蘋果谷待不久。這裡的學校無聊透頂，我連小學都不想去，還因而跟媽媽吵架，即使去上學也是摸魚，打發無聊的時光。此外，我也討厭鋼琴課、空手道課、芭蕾舞課，並為此跟媽媽關係緊張。回想當時，我常常跟爸媽吵架，一天到晚惹事，由於暴躁又嚮往獨立的個性，讓家人受不了。

不過，意志堅強、活潑外向的個性也有好處。有一陣子，我央求爸爸幫忙蓋一個樹屋，但他一直沒空。某天他下班回家，看見我帶頭發起蓋樹屋的活動，並指揮五、六個附近的小朋友砍木頭。他為了所有小孩的安全著想，便親自動工。樹屋完成後，我可以爬梯子上去，屋子裡有個小板凳，屋外還安裝一個能上下移動的籃子，方便運送東西。我非常喜歡這個樹屋，有時候一待就是一整天，常在裡頭看《草原上的小木屋》（*Little House on the Prairie*）全套叢書，並且一看再看。

我的夢想是在紐約市當律師，雖然半個律師都不認識，不過我和媽媽都愛看《法網遊龍》（*Law & Order*）。我個性極富正義感，看不慣好人遇上壞事，尤其受不了好人坐牢，我喜歡看白頭髮的檢察官查明真相、撥亂反正，並想助他一臂之力。當時我認為自己很會吵架，跟爸媽吵架常會贏，一定能幫上忙。

對當時的我來說，就算成天打混、頂嘴，或開著紫色兒童車在街上到處奔馳，也無法想像離開父母的生活。我知道自己經常試探他們，只為了確認是否被愛著。實際上，他們有多希望我安全，我就多希望能擁有他們的愛。

大概在我十歲那年，最年長的同母異父哥哥回家探望我們。當時他二十幾歲、未婚，是個高個子且肌肉發達的大男孩，正在就讀社區大學，相當認真地思考自己的人生。他特別跑到我的臥室，我們肩並肩坐在碎花床單上聊天。

他說：「艾莉克絲，妳曾親眼見證過嗎？教會說的都是真的！」他想知道我身為教徒，相不相信主日學的內容，是否像他一樣虔誠，相信摩門教擁有所有答案，能讓我們順利返抵高榮國度。我希望大哥開心，於是看著他點點頭，他回以微笑說：「我有預感，在我們去世之前，耶穌會再度降臨人間。」

有時候，教會的主日學老師會拿一個畫像給我們看，圖片上畫有耶穌穿過雲層到達人間，身旁圍繞幾百位天使。我和大哥討論著耶穌再臨，並在心中暗想，祂的降臨一定能讓很多問題迎刃而解。大哥微笑著說：「我覺得在這個世代，可以親眼看到耶穌降臨。」我還記得那時看著大哥，感受到一陣暖意流遍全身，一想到我們這代能親眼見證耶穌再臨，就覺得非常興奮，真的好希望能見證。

我們希望一切順利，只要遵守規則、團結一致，家人就會永遠安全、永遠在一起，不會被外面世界的壓力與危險侵擾，這是宗教給予的承諾，也是父母日復一日奮鬥的目標。說真的，怎麼能怪他們這麼想？我到現在還是不怪他們。

2

將來到了天堂，我會和誰住在一起？

大概在我十歲那年，我們搬離蘋果谷的大房子，換到比較小的住處。新家在維克多維爾，是距離蘋果谷幾英里外的沙漠城鎮。這棟兩層樓的房子位於死巷的盡頭，屋頂上排著一列列的瓦片，外牆刷上米色油漆。整條街上都是一模一樣的房子。

住進新家的第一個星期天早晨，我穿著睡衣站在廚房，拜託媽媽別帶我上教堂，讓我待在家裡：「媽，我一個人都不認識！」但再怎麼懇求也沒用，教會是我們生活的一大重心。

我們家的星期日早晨很早開始，爸爸一早會進浴室刮鬍子、換上白襯衫、打好領帶，開著卡車到教會，與「受保護之人」一起召開早晨的行政會議，他把這份責任當成工作一樣重視，甚至比工作還在乎。爸爸不會滔滔不絕地講上帝、摩門教教義，或是信仰摩門教的原因，而是認真負責地承擔重責大任，決心達成使命。順帶一提，摩門教徒習慣把教會的會眾稱為受保護之人。

媽媽在爸爸出門一小時後起床，首先洗澡、化妝，最後拿著燙髮夾整理頭髮。每逢星期日，她都會細細打理那頭長髮，我喜歡看她梳妝打扮，這是她最美麗的時刻。

在鹽湖城都市計畫中，摩門教會簡直是永遠不變的標準配置，教會可容納數以百計的教徒，以及他們為數眾多的家庭成員。教會的外觀是厚厚的米色磚牆，走廊兩邊貼滿看上去很普通的植物圖案壁紙，門廳擺放印花軟墊沙發，禮拜堂有木製靠背長椅，每間教室都有金屬材質的折疊椅、黑板和桌子。教堂外，青翠的草坪向教堂四周延伸，整齊的界線外連接著沙漠。維克多維爾的教會跟天底下的摩門教會沒什麼兩樣。

星期天的聚會共有三小時。第一個小時是坐在木頭長椅上唱聖歌，聽其他教徒說話，並享用聖餐的麵包與水。接下來的兩小時則是在小教室度過，大家圍成一圈坐在金屬折疊椅上，老師把厚紙板的耶穌照片放在腿上，朗讀教會高層在鹽湖城撰寫的手冊。

整個聚會竟然有**三個鐘頭**！我從小上教堂時，總是坐不住，年紀越大越覺得難熬，上教堂就跟上空手道課、足球課，甚至上學一樣討厭。現在回想起來，自己當時真的很難搞，但這種種行為其實都只是想釐清自己是誰，該如何扮演上帝為自己安排的角色。不過，在我認識艾希利與碧安娜之後，一切都變了。

我們度過在維克多維爾的第一個星期天後，沒過幾天就有人來敲門。我跟在媽媽身後去開門，站在門口的是凱西•弗羅瑞斯，她留著一頭金髮，擁有圓臉蛋和閃閃發光的眼睛，她面帶微笑，手上捧著一個擺滿手工肉桂餅乾的紙盤，身旁是三個女兒安琪拉、潘蜜拉和碧安娜。這三個女生都是深色頭髮、骨架很大，看起來一臉淘氣。

弗羅瑞斯姐妹還沒來得及自我介紹，她的三個女兒就直接繞過媽媽，跨進我家門口。順帶一提，我們習慣將教會的成年人稱為「弟兄」、「姐妹」。弗羅瑞斯姐妹氣急敗壞地吼道：「妳們三個給我出來外面！」

年紀最大的安琪拉說：「才不要」，她戴著一副很大的方框深色太陽眼鏡，亂蓬蓬的黑色頭髮圍繞在她臉頰兩側，看起來很可愛。此時，潘蜜拉擠進來，牢牢地站在我家的入口通道，很誇張地鞠躬說道：「大家都進來吧」，她的頭髮很短。三姐妹中年紀最小的碧安娜，看起來跟我差不多大，頭髮夾雜幾撮金髮，她和我四目相對，露出滿嘴牙套的微笑。當時我就知道，三姐妹很快就會成為我的好友。

下個星期二晚上，她們再次不請自來，那天晚上教會有個專門為女生舉辦的活動。我站在臥室窗戶前向外觀望，看見弗羅瑞斯姐妹的白色大廂型車，喀嚓喀嚓地開進我家車庫，地上揚起一點灰塵。潘蜜拉、安琪拉、碧安娜一個個下車，笑聲穿透牆壁。這次她們連我家前門都沒敲，直接沿著走廊一路走進臥室，抓住我的肩膀與腳踝，把我整個人扛進廂型車。安琪拉說：「我們要綁架妳，妳只能跟我們走。」

現場大概有三百個會眾，負責照顧大家的大祭司是弗羅瑞斯先生，也就是三姐妹的爸爸，雖然他的職業是焊工，但受邀擔任志工性質的大祭司。弗羅瑞斯出生在薩爾瓦多，十幾歲的時候搬到美國加州，後來皈依摩門教，跟凱西結婚，育有四名子女，分別是三姐妹以及她們的大哥塞吉歐。弗羅瑞斯先生很愛他的家人，也喜愛出去玩，每年夏天都帶家人到聖地牙哥的海灘露營，白天衝浪、晚上生火烤棉花糖。

他在家裡總是跟著孩子們一同嬉鬧，自從我搬來維克多維爾後，經常跟三姐妹黏在一起，並開始加入嬉鬧的行列。「艾莉克絲，妳的短褲未免太短了吧！」每次我去他們家，弗羅瑞斯弟兄一見到我都會這樣假裝生氣。不過，他說得沒錯，教會嚴格要求衣著端莊，規定短褲與洋裝至少要遮住膝蓋頂端，但那麼長的短褲既不適合炎熱的沙漠氣候，也不符合我們的時尚美學。安琪拉、潘蜜拉、碧安娜和我都穿著同款低腰短褲，應該說住在沙漠一帶的女生都這麼穿。弗羅瑞斯弟兄總是以幽默表達他的無能為力。

弗羅瑞斯家的女主人凱西是家庭主婦，身高大約五呎四吋（約一百六十三公分），每天忙著照料家人的大小瑣事，在教會負責帶領、教導及照顧每個女生。由於她天生愛操心，相當適合這個工作，而且我們也夠讓她操心了。

包含安琪拉、潘蜜拉、碧安娜還有我在內，教會共有十五個跟我年紀差不多的女生。在這些女生當中，艾希利・洛佩茲的個性活潑淘氣，就像碧安娜和我一樣愛開玩笑。她爸爸是兒童福利人員，在隔壁城市工作，所以必須跟我爸一樣每天一大早就起床，從遙遠的沙漠出發，一路翻山越嶺才能到達上班地點。艾希利是家中五個孩子的老么，擁有一頭深色長髮，瓷娃娃一般的肌膚，總是把嘴唇塗成鮮紅色。她的身材高大，身高大約五呎七吋（約一百七十公分），體重兩百五十磅（約一百一十三公斤），聲音卻又高又尖銳，乍聽之下相當難聽，必須慢慢適應才受得了。

艾希利、碧安娜，還有我為了度過漫長的星期天早晨，想出幾個好玩的招數，我們在放聖經的盒子中，裝滿水果點心跟酥脆穀片，到了聖禮時間就拿出來吃。此外，還會找藉口溜出禮拜堂，像是去洗手間或是去飲水機喝水等，反正只要能起身出去就好。我們溜出去後，會跑到空教室中，並在黑板上塗鴉，笑得非常開心，然後再回去坐在爸媽身旁，這樣才不會被罵得太慘。

我內心深處希望有天能夠見證耶穌顯靈，就像那些在聚會上起身分享的弟兄姐妹一樣。我知道爸媽都有見證過，因此希望自己能和他們一樣篤定，體會大哥那天對我說耶穌必將再臨的心情，並期待有天能站上講壇對弟兄姐妹說，我知道教會說的都是真的，完全沒有疑慮。

每個星期天，我都會坐在禮拜堂的木製長椅，或教室的金屬折疊椅上，長期下來，耳濡目染的一切的確對我有所影響。摩門教告訴大家，在這世的人生開始前，我們的靈魂與上帝一起在天堂生活，上帝為了讓我們學習與累積經驗，便創造出地球。由於我們的靈魂都是自行選擇來到地球，因此必須行使主日學老師一再強調的「自由選擇權」，也就是做出各種人生選擇，並為自己的決定負責。

然而，即使我們犯錯或做出錯誤選擇，仍舊可以回到上帝身邊，這條途徑就是向耶穌懺悔，求得祂的寬恕。在這個迷亂的世界，無論發生什麼事，只要按照上帝的規劃，一家人就能在天堂團聚。這就是我學到的摩門教精髓，也是父母、主日學老師、弗羅瑞斯夫婦，以及每個星期日在麥克風前分享的弟兄姐妹，教會我的道理。

我覺得這就像一種慰藉，當時我才十歲、十一歲，卻想知道死後會有什麼遭遇，就像我想在教會後排的座位搗蛋，跟碧安娜、艾希利一起溜出教堂鬼混，同時想知道人生的一切都有其道理、目標和意義。我最想知道如果自己按照上帝的安排，一切是否一帆風順，家人能否永遠在一起。說實話，我有多想離開現在居住的沙漠小鎮，就有多想跟弗羅瑞斯一家人一起烤棉花糖，或是蓋著那件藍白相間的毛毯，跟媽媽窩在沙發上看電視。永遠在一起，我想永遠跟家人在一起。

然而，某天我卻發現主日學老師的說法有些破綻，也許上帝的安排終究無法賜給我平安。那天主日學課堂裡講的主題是家庭，查普曼老師坐著講課，拿出一幅貼在厚紙板上的摩門教堂照片。她說：「丈夫與妻子在教堂結婚，就等於永遠的結合。」查普曼老師的唇膏是粉紅色的，說話聲音沉靜而甜美：「所有在教堂結合的父母，他們生下的孩子永遠都跟父母是一家人。」

我想起玄關桌上那棵木製小樹，上面寫有哥哥姐姐的名字，也就是媽媽第一段婚姻所生的孩子。查普曼老師手上的照片中，教堂有著雄偉的尖頂、灰色花崗岩牆壁，金色的莫羅尼天使昂然聳立在最上方。

這時，我想到自己的爸媽並不是在摩門教會結合，媽媽曾經跟第一任丈夫結婚，照理應不被允許與第二任丈夫結合。依據教會的規則，爸媽的婚姻就像開車到拉斯維加斯一樣短暫，無論他們多麼相愛，都只是暫時的婚姻。

當時我恍然大悟，哥哥姐姐們跟媽媽，以及他們的生父永遠都是一家人。但是爸爸不是在摩門教堂和媽媽結婚，那我跟誰永遠是一家人？我充滿疑惑地舉手發問：「一個家能不能結合兩次？」查普曼老師望著我，漸漸悟出問題背後的原因，臉上浮現同情的表情，很遺憾地說：「不行。」我默默坐在位子上，教室的玻璃窗戶透出陽光，覺得胸口悶悶熱熱的。我到了天堂會跟誰在一起？是不是不會永遠跟家人在一起？

下週的星期六下午，在艾希利家，我跟洛佩茲弟兄說起那次的主日學課程，問道：「我到天堂會跟誰在一起？」他一時之間沒說話，只是用親切的目光看著我說：「艾莉克絲，我不知道，但妳不覺得天父會幫我們安排好一切嗎？」

大家都對我這麼說，我的老師、大祭司，還有爸媽都這麼說。但我始終恐懼，到了天堂會不會沒有家人？我會跟誰在一起？會跟誰度過來世？能不能跟爸媽在一起？他們無法回答這些問題，只覺得上帝一定會有所安排。他們說，我只要禱告一定會感應到答案。

那天晚上，我蓋著紫綠相間的被子躺在床上，祈求上帝解決我所有的問題。我看著天花板，大聲地對上帝說話，然後安靜下來，試圖尋找回應，但只聽見媽媽在廚房洗碗，以及遠處公路的車流聲，始終沒聽到上帝篤定的回音。

到了星期日，我看著四周，覺得那些坐在長椅上的家庭都開開心心地一起唱著聖歌，他們覺得自己得到所有答案，所以感到相當滿足，好像只要按照上帝的規劃，一切都會平安順利。然而，由爸媽和我所組成的小家庭，似乎已經墜入這個計畫的破綻中。

即使發現計畫的破綻，我還是希望能跟大家一樣有歸屬感。碧安娜、艾希利和我雖然都愛搗蛋，但教會確實像個家，摩門教是我們人生的重心。我們再怎麼調皮，也從來沒想過脫離摩門教。

還記得十二歲那年的某個晚上，我參加教會舉辦的露營活動，那天大約有兩百個摩門教女生參加，她們來自南加州各地。我坐在營火旁邊，看著跟我年齡相仿的女生們，一個個起身分享她們對摩門的見證，說著自己多麼感謝上帝，多麼熱愛教會，多麼熱愛她們的家人。連碧安娜都起身走到營火旁，熱淚盈框地說：「我想永遠跟家人在一起，希望有天能組織自己的家庭。」我感受到自己被帶著松樹香氣的暖風緊緊包圍，聽見幾百個十幾歲的女生在黑暗中輕聲哭泣，互相倚靠著。那時我深刻感覺到，身邊的每個人都渴望有歸屬感與安全感。

我幾乎可以預想未來的景象。碧安娜、艾希利、潘蜜拉和我都會繼續搗蛋，也許會質疑教會的言論，或是暫時遠離這一切，自己出外闖蕩幾年，但終究會回到教會結婚，每個禮拜都跟家人一起坐在教會長椅上，到時候換我們當領袖，叫女兒參加女生的營隊。

即使不知道到了天堂會跟誰在一起，但我知道結局一定會很好，光是這麼想就感到很放鬆，我實在難以想像在人世間過著除此之外的另一種生活。

3

明知會引起非議，還是好想牽她的手

其實，我還有一個難以形容的煩惱，它可能使我無法實現爸媽和教會老師一再灌輸的計畫。這個煩惱從七年級開始發作，源自於一個叫作珊曼莎的女生。

珊曼莎長得非常高，她有一頭紅色的頭髮，顴骨上長滿薑黃色的雀斑，她跟我一樣是學校管弦樂隊的成員。我們學校有七年級和八年級管弦樂隊，還有一個高中管弦樂隊，成員由最厲害的樂手所組成。那時我七年級、珊曼莎八年級，但我們兩人都在高中管弦樂隊，而且皆為大提琴手。

爸媽從小要我做很多事，例如上學、上教堂，還有學各式各樣的才藝，我皆感到抗拒，但是對大提琴很感興趣。我喜歡俯身拉弓、手指撥弄琴弦，也喜歡一個人關在房間裡，與音樂直球對決，一旦感到無聊或是生氣，就會到房間去拉大提琴，把現實的煩惱遠遠拋在腦後。這種感覺就像離開維克多維爾去旅行，遠離那些長得一模一樣的兩層樓房屋，以及與父母越來越緊張的關係。

珊曼莎有一陣子是擔任首席大提琴，而我是次席，但我們從未說過話。在管弦樂隊中，我坐在她旁邊，我們的大提琴放在雙腿之間，拿著琴弓俯身演奏。管弦樂隊的老師歐蘭先生總是站在前面，邊吼邊指揮。不過，我幾乎沒聽見老師的聲音，一直忙著看珊曼莎的鞋子。學校規定只能穿黑鞋，珊曼莎卻總是違規，不是把紫紅色格紋的制服裙捲起來，就是穿著亮紫色帆布網球鞋。我看見她小腿、膝蓋、大腿上，滿滿都是一點一點的淡薑黃色雀斑。

珊曼莎什麼都懂，我很喜歡她。每次歐蘭先生在管弦樂課上問問題，珊曼莎都是第一個舉手，當她回答問題時，我就低頭數她小腿上的雀斑。我覺得**自己好像戀愛了**，我從來沒愛上過任何人，但覺得自己愛上她。**好奇怪，真的好奇怪**。

我不知道當時為什麼想挑戰珊曼莎的首席地位，但我就是這麼做了。某天的管弦樂課上，我們坐在全班面前，她演奏《布蘭登堡協奏曲第四號》（*Brandenburgische Konzerte*）的第三樂章。我仔細看著她長了雀斑的鼻梁因專注而起皺摺，以及穿著紫色帆布網球鞋的雙腳牢牢踏在地面。毫無疑問地，她的琴藝了得，一心想保住首席的寶座。

嚴肅的氛圍使我變得相當緊張，我從小只要一緊張就會胃痛，這次也不例外。不過，我知道自己也不差，奏完一曲後沒有半個失誤。幾天後，歐蘭先生下課把我留下來，他說：「艾莉克絲，以後妳就是首席。」

不久後，我開始跟珊曼莎在晚上講電話聊天，很快地她就常到我家玩。我們跟住在附近的孩子一起拾荒尋寶，有時候也會一起去散步，不然就是坐在沙發上，蓋著藍白鑲邊的毯子看電視。我知道珊曼莎喜歡男生，有時還會聊起她喜歡的對象，他叫作衛斯理，跟我們一樣都是室內管弦樂隊，西班牙文課時坐在我旁邊。珊曼莎一天到晚都在聊衛斯理。

我的腳趾在毯子下蜷曲著，心想：「**我從沒交過這樣的朋友，這樣好奇怪，而且也不對。**」我不知道這是怎麼回事，也不知道為何會有這種感覺。珊曼莎離開後，我回到房間把她的事情寫進日記，寫下一個個長長的段落，描述跟她在一起都做了什麼事，看了哪些電視節目，以及自己有多麼喜歡她。我一直在想，**奇怪，真的很奇怪**。

七年級夏天的某個晚上，學校剛放學，沙漠地帶熱得要命，珊曼莎在我們家度過整個下午，吃完晚飯後打算留下來過夜。我們先是到游泳池游泳，接著躺在旁邊的混凝土地上休息。珊曼莎穿著粉紅與紫色條紋的兩件式泳衣，我穿的則是紅色的一件式，上面繡著船錨的圖案。由於教會規定講求端莊，媽媽只肯讓我穿一件式泳裝。

我躺在混凝土地上，泳衣滴下的水積在地面，蒸發後隨著乾燥的晚風而去。我感覺珊曼莎躺在不遠處，她正在說話，但我聽不太清楚，只感覺到她在不遠處。

我想牽她的手，真的好想牽她的手，但我只是躺在那裡，感受沙漠地帶乾燥的熱風重重壓著後背。突然，一陣令人作嘔的衝動襲來，我每次緊張就會這樣。

九年級開始前的夏天，我在爸媽的安排下離開原本就讀的中學，轉入鄰近城鎮的私立安可表演藝術中學。新學校的要求比較高，而我為了爭取新學校管弦樂隊首席的野心與決心，到了家裡就變成嚴重的頑固與難搞，我在家大吼大叫甚至摔門。爸爸有次把我臥室的房門拆掉，整整一個月都不裝回去，免得家裡又被噪音轟炸。

不過，在教會長大有個好處，就是能擁有一個大家庭。如果家裡的氣氛太僵，媽媽只要把我送到弗羅瑞斯家就行，她覺得我在他們家很安全。進入高中之前，我一天到晚都在弗羅瑞斯家鬼混，碧安娜、潘蜜拉和我會窩在客廳的大沙發上看電視，或者坐在後院的吊床上，或到玫瑰叢摘花，有時候則是在草地上聊天、閒晃。

弗羅瑞斯姐妹做的普普薩是世界上最好吃的東西。普普薩是薩爾瓦多的美食，就是在類似墨西哥玉米餅的餅皮中，填滿起司、豆子或蝦子。她會先用玉米粉搓出兩個玉米粉球，將其中一個鋪開、放上填料，接著把另一個玉米粉球放在鋪好料的上面，將兩個粉球的邊緣摺起來，最後放進平底鍋煎成棕色。

不久前，潘蜜拉介紹我抽大麻，並教我不會被發現的訣竅，捲煙時只要將硬紙巾和帶有香氣的烘衣布疊在一起，紙捲便會過濾掉大麻的氣味。當時，我不知道為什麼會被大麻吸引，可能是因為對未來感到焦慮，又不知道該怎麼脫離維克多維爾，吸大麻可以緩解這份焦慮，同時降低爸媽帶來的壓力。當然，我知道爸媽非常希望我生活美滿。

爸爸總是在清晨發動汽車，從我們居住的死路開向公路，離開高處的沙漠，一路駛向洛杉磯郊區推銷房貸，他的客戶都是跟我們家一樣，迫切需要維持生活開銷的家庭。爸媽壓力總是很大，他們不喜歡現在住的地方，厭倦一排排長得一模一樣的房屋，以及面對日復一日同樣的煩惱。他們唯一得以喘息的地方就是教會，還有教會應許的永遠平安幸福，但我仍可以感覺到他們越來越焦慮。當然，我沒有減輕他們的煩惱，但吸了大麻後覺得所有麻煩瞬間淡化、壓力變小。此時我才有心情跟爸媽說話，甚至覺得一切都很美好。

潘蜜拉大多時候只跟她的朋友珍妮待在家裡。珍妮長得非常高，留著一頭長長的黑髮，背部靠近臀部的地方刺有她草寫姓氏的刺青，以及星星與蝴蝶的圖案。說實話，我既羨慕又排斥潘蜜拉與珍妮的關係。

珍妮來自洛杉磯，她在某個派對中認識潘蜜拉，她們是同性戀，或者說正在嘗試不同的性向，而且她們很明顯地彼此相愛。我這輩子從來沒見過同性戀情侶，也沒在維克多維爾看過，因為信摩門教的女生不會是同性戀。珍妮與潘蜜拉雖然老是起衝突，但從她們相處的樣子來看，顯然是一對情侶，只是大家都裝作不知道。某天下午，我直接開口問碧安娜，她當時在吊床上淡淡地回答：「是啊，珍妮是潘蜜拉的女朋友。」

碧安娜就這樣毫不掩飾地直接講出來，裝作一副完全能接受潘蜜拉交女朋友的樣子，但我看得出來，她心裡其實有點疙瘩。碧安娜說完這些話之後，眼睛始終看著地面，我感覺到吊床搖晃得有點猛烈。

在標準摩門教家庭的計畫中容不下同性戀，我覺得碧安娜不知道怎麼消化這個事實，看她渾身不對勁地坐著，我發現自己完全不會感到不自在，只有滿滿的好奇。

潘蜜拉和安琪拉住在同一間臥室，她們房間的佈置主題是奧黛麗赫本，牆壁漆成紫色，天花板上掛著枝形吊燈，牆上有幾幅由奧黛麗赫本主演的《第凡內早餐》（*Breakfast at Tiffany's*）劇照。

幾天後，我看見潘蜜拉一個人坐在臥室的床上，有些膽怯地問她：「妳是不是同性戀？」潘蜜拉賞了我一個眼神說：「不是。我只喜歡珍妮這個女生。」她暫時停頓，接著說：「艾莉克絲，我知道自己總有一天會嫁給返鄉的傳教士，並且生兒育女。」她一副很有信心的樣子講這句話，彷彿希望我相信這番話，而她自己也想相信這句話。我內心深處又浮現那種熟悉的感覺，好希望我和潘蜜拉都能一切順利，於是我點頭說道：「絕對是。」

潘蜜拉後來總是說，她只喜歡珍妮這個女生，接下來會走上正途，在摩門教堂結婚。我知道潘蜜拉希望那就是她往後的人生，可以感受到她的期待，以及背後沉重的壓力。我們每個人受到的教育，全都指向這條道路，這是我們知道的正道，只要依循這條路，就能平安返家，可以幫女兒佈置臥房，還能在廚房製作熱騰騰的普普薩給家人吃。

爸爸一星期的工作從星期日晚上開始，他開車長途奔馳至洛杉磯，但他的生意每況愈下，看得出來很憂心，並開始延長工作時間。爸爸不在家的時候，媽媽越來越常去弗羅瑞斯家，凱西也開始到我們家來。她們會收看Lifetime台的電影本地新聞，也會圍在廚房餐桌邊聊天，或是一個人做晚飯、另一個人在旁邊坐著。有時候，媽媽會和凱西討論該不該回到醫院當護理師，但媽媽總會回答說還沒準備好。

某天下午，媽媽在弗羅瑞斯家的廚房跟凱西聊天，電視螢幕閃過同性戀在佛蒙特州結婚的照片，當時加州喧騰多時的同性戀婚姻爭議❸才稍微平息。這個議題對摩門教徒來說是不得了的事，因為教徒必須在摩門教堂成婚，才能進入天堂的最高層級。教會的人常說，我們要靠自己的力量保護家庭，同性婚姻合法化會毀滅家庭，也違反上帝的計畫，而且家庭（異性戀家庭）應該永遠在一起。要是允許同性婚姻，同性戀者就會把締結永恆婚姻的摩門教堂控告到倒閉為止。

媽媽看見電視上一個白髮女子親吻另一個白髮女子，她們其中一個穿著紫色套裝，另一個捧著雛菊花束，媽媽幾乎脫口說出：「真是荒唐！」我路過廚房時看見電視畫面，忍不住

❸ 二〇一〇年八月四日，北加州聯邦法官判決加州的〈八號提案〉違反美國憲法，該提案否定同性婚姻的合法性。經過多次裁定與上訴，二〇一三年六月二十八日，加州恢復同性婚姻合法登記。

停下腳步，想聽她們接下來怎麼說。爸媽很少聊這些事，但我不意外媽媽會這麼想。

凱西壓低聲音跟媽媽說：「潘蜜拉以前是同性戀，她以為自己是同性戀。」我一動也不動地想聽媽媽的回答，想必她一時之間不知道怎麼反應，只是點點頭，然後靜靜地聽凱西向她說潘蜜拉的私事。我沒聽見她說半個字。

4 多希望初戀的悸動，可以持續到永遠

我第一次見到怡菲，是在升上八年級的四月。當時學校正展開資源回收計畫，我請媽媽開車帶我去家得寶（The Home Depot），買幾個巨大的塑膠垃圾桶，並拿到弗羅瑞斯家去加工。他們家有一大堆工藝材料，我打算借用她們各種顏色的噴漆，在垃圾桶上用模板印上回收標誌。

碧安娜和我一起把垃圾桶拖進後院，側放著一路滾到吊床與玫瑰叢之間。我們搖了搖咯咯作響的噴漆罐，對準用膠帶貼在垃圾桶各側的模板，仔細地噴上各色噴漆。此時，潘蜜拉打開她家通往庭院的拉門，用她標準的打招呼方式說：「親愛的，我回來了」，接下來隨口問有沒有吃的東西。

潘蜜拉走進後院，身後緊跟著一位漂亮女生。那個女生身材小巧玲瓏，身高大概是五呎一吋（約一百五十五公分），卻穿著超大的船型布鞋和一件極短熱褲，雙腿的線條畢露無

疑，她長長的黑髮一路垂到背部下方。

潘蜜拉向我們介紹：「碧安娜、艾莉克絲，這是我的朋友怡菲。」怡菲微笑著沒說話。潘蜜拉跟碧安娜閒聊了一會兒，我則始終盯著垃圾桶上的模板與噴漆，一心想知道怡菲究竟是什麼人，但又不知道該怎麼開口。那天晚上，當我噴完漆，怡菲也離去之後，潘蜜拉說她和怡菲是在洛杉磯附近的狂歡聚會上認識，她今年十八歲，是同性戀。

過了幾天，碧安娜和我癱坐在她家的沙發上，看著迪士尼電影，艾希利則拿著全新的風箏小跳步進來，用尖銳又滑稽的聲音說：「妳們兩個別再鬼混了，我們到公園去！」我們一起走出門，半路上碰到潘蜜拉與怡菲，便跟她們一同走到附近公園。我們五個人在公園的草地上跑來跑去，輪流想讓風箏升起來，試了幾次之後，怡菲跟我脫隊，到鞦韆上坐著聊天。怡菲問我：「妳怎麼認識弗羅瑞斯家的人？」我跟她說是因為教會而認識，媽媽和凱西的交情很好，並生動地敘述弗羅瑞斯家三姐妹是如何不請自來，闖進我家。

怡菲小小的身軀坐在鞦韆的邊緣，她的黑髮掠過腰，停在臀部上方。她的問題一個接著一個，問我喜歡做什麼、就讀的學校、家庭背景，好像對我很感興趣。我們並肩坐在公園的鞦韆上，碧安娜、潘蜜拉與艾希利漸漸成為身後草地上的一團笑聲。我發覺自己不禁意透露越來越多關於個人的事情，明明幾乎不認識怡菲，卻向她傾訴一切，她有種能讓我感到自在的魔力，好像可以盡情展現自己。

再過一個星期，我、怡菲、碧安娜、潘蜜拉和艾希利又在家中看迪士尼電影，看著看著就在沙發上睡著了。怡菲和我一起走到潘蜜拉與安琪拉的臥室，她坐在潘蜜拉的床上，我坐在安琪拉的床上。我們在亂糟糟的房間中，從衣服、書本和碗盤中，總算整理出兩個空位。

我跟怡菲說，有時候家裡的氣氛很糟糕，多半是因為我的個性頑固，又跟她說爸爸的超長工時，還有媽媽敏感的個性。媽媽在哥哥入伍時哭到泣不成聲，有時候甚至會突然把我從學校接出來，一起去吃甜甜圈，或看無聊的電視節目。我也跟她說，我拉大提琴有多麼愉快，以及多麼想離開維克多維爾，甚至說我的人生走到現在，覺得大多數日子都相當無趣，因此一天到晚搗亂，並熱切地希望有天能當上律師，搬到紐約居住。

怡菲回答我說，她永遠不會搬去紐約住，洛杉磯才是天底下最好、最適合自己居住的地方。她曾在洛杉磯市中心附近短居，當時住在三層樓磚造的無電梯公寓中，那一帶有道地的普普薩，還有許多韓國小酒店。

怡菲還喜歡晚上開車到洛杉磯閒晃，沿著長長的大道，從市中心開到皮柯大道、奧林匹克大道、威爾希爾大道。車子越往西方開，離日落越近，城市就像換了一副面貌，在煙霧烘托下顯得更加美麗。但是，她後來不得不離開洛杉磯，搬回圖森市的老家照顧祖父母，因為父親已經不在人世、母親身體不好，只能盡量找時間去加州。

怡菲沒有工作，也不積極追求金錢，卻有一台紅色吉普車，我始終搞不懂這是怎麼回事。有一天，我終於得知真相，原來怡菲靠著種大麻、賣大麻賺錢，我聽聞後覺得實在太神奇了。這個嬌小、漂亮、十八歲的出櫃同性戀者，竟有辦法這樣賺錢，而且對大城市熟門熟路。我從來沒見過像她這樣的人。

我在弗羅瑞斯家度過大半個春季，整天看《淘小子看世界》（*Boy Meets World*）的重播節目，並享用薩爾瓦多美食，以及一盤盤從烤箱端出來的新鮮出爐餅乾。我記得MGMT的〈愛情電流〉（*electric feel*）MV，就是在那年春季推出。此外，我和弗羅瑞斯家最年長的姐妹，會趁凱西不注意時一起偷抽大麻。

我看著〈愛情電流〉的MV，覺得影片裡的人都好歡樂、好自由，畫面中可見到豐沛的河流、茂密的森林，這些都與維克多維爾天差地遠。歌詞不斷重覆著：「喔喔女孩，妳像電鰻把我電暈。寶貝女孩，妳電得我慾火焚身。……想怎樣就怎樣，施展妳的電流。」

我發覺自己與怡菲之間逐漸產生不只是友誼的感情，與此同時碧安娜與我的關係則越來越緊張。碧安娜覺得怡菲帶壞潘蜜拉，因此相當不喜歡她，也許是怡菲從不掩飾她的性向，碧安娜以為潘蜜拉是被她引導成同性戀。不過，我真的很想知道，身為同性戀卻不覺得彆扭是什麼感覺，但實在不知道該怎麼開口問。話說回來，潘蜜拉跟珍妮越走越近，甚至會在珍妮家過夜，而弗羅瑞斯家的兩位大家長似乎渾然不覺。

五月的某個星期六下午，我們又待在弗羅瑞斯家，怡菲受夠了迪士尼電影與餅乾，便提議說：「我們到洛杉磯去吧。」碧安娜幾乎馬上回答：「不用了，謝謝。」怡菲微笑地看著我說：「艾莉克絲要一起去嗎？要去的話我開車。」

我當然很想去，因此馬上開始盤算如何瞞著爸媽到另個城市過夜。我那時才十五歲，爸媽不可能允許我外宿，不過如果跟他們說，要跟潘蜜拉的好友珍妮一起過夜，說不定可以闖關成功，因為他們很喜歡珍妮，似乎完全不知道她是同性戀。

我請怡菲給我一個鐘頭回家收拾行李，並在廚房的餐桌上留下一張給爸媽的字條。我當然知道這是不對的行為，因此心裡覺得相當沉重。我在字條上寫著，自己會在珍妮家過夜，如果有事可以到那裡找我。我換上最可愛的衣服，包括紅色迷你裙、白色T恤，還有碎花圖案的鞋子，接著把另一件T恤與短褲丟進行李袋。我心裡非常緊張，同時也相當興奮，在走出前門後，把門關上。

我先前請怡菲把車子停在離家夠遠的路口，比較不容易被發現。她坐在吉普車上的方向盤後面對我微笑。我坐進前座，感覺肚子刺痛又噁心，彷彿回到和珊曼莎一起躺在游泳池邊的那個晚上，緊張到腦袋一片空白，完全不知道要說什麼。

到洛杉磯的路程大約有七十英里（約一一三公里），我們從維克多維爾出發，經過蘋果谷，越過一叢叢約書亞樹，進入聖貝納迪諾山脈東側的山麓丘陵。怡菲喜歡雷鬼音樂，在十五號州際公路上，一路播放雷鬼音樂。我們越過山隘岩石遍佈的頂峰，穿過一層煙霧，進入洛杉磯的八線道車流，開闊的空間填滿綿延不絕的公路商業區、倉庫、汽車展售中心、公寓住宅群。

怡菲問：「我可以牽妳的手嗎？」我點頭。我以前牽過一個男生的手，還記得他是紮著細髮辮的十二年級生，我們還曾於某天下午，在他的卡車駕駛座上親吻。一開始沒有什麼感覺，但後來覺得有點噁心，甚至覺得喉嚨發緊，好像快要嘔吐，不只是因為車內煙灰缸散發出的香菸氣味。

但是，這次和怡菲手牽手一起開車出去，卻是完全不同的感覺，千百種情緒在心中翻湧。我無法確切形容這些情緒，它們是緊張、刺激、期待，同時帶有一點擔心。我不禁開始害怕，回去後該怎麼跟爸媽解釋？又能對他們說什麼呢？他們絕對不會認同的。如果跟怡菲隱姓埋名地在無人知曉的情況下，消失在城市中，會不會比較好？

太陽漸漸升上這座城市的上空，我們終於抵達市中心。洛杉磯在煙霧的烘托之下更為迷人，摩天大樓後方的天空是奔放的紅色與紫色。我們朝著西方前進，怡菲一一指出她之前住過的地方，很快地便到了高速公路的盡頭，最後抵達可以看到大海的聖塔莫尼卡。

怡菲把吉普車停好，帶我住進距離聖塔莫尼卡碼頭幾條街外的小旅館，我們馬上拿了床上與衣櫥裡的毛毯，沿著懸崖走到海灘。空氣越來越濕冷，帶有一絲夜香木的氣味。我們的左方是著名的聖塔莫尼卡碼頭遊樂園，閃耀著黃色、綠色與紫色的霓虹燈，還有個超大的摩天輪在運轉。下方則是柔和的黑色海面，倒映著摩天輪的燦爛燈光。

海水撫過支撐碼頭的塔架，我覺得好美、好興奮，與怡菲同遊此地更是亢奮。我們大老遠開車到洛杉磯，一路上發覺自己情緒越來越激昂，如今正是衝向高峰的最高潮。我知道怡菲會親吻我，而自己也願意。我以前親吻過男生，但知道這次不一樣。

果然不出我所料，我們才剛鋪好毯子坐下，她就拉住我的手，迎上前吻我。我們吻了一次又一次，除了親吻什麼都沒做。夜漸漸深了，車流還在蜿蜒行進，摩天輪繼續轉動，零星的一、兩個人走向寬敞的沙灘。我的手機沒電了，現在的感覺就像離家千萬里，誰也找不到我們。我親吻怡菲，聽著海洋的聲音，覺得這一晚實在太美好。

我不知道警察怎麼沒叫我們滾離海灘，反正他們就是沒過來。到了約莫清晨五點，我們終於回到旅館房間，只睡了短短幾小時，醒來之後才想起要幫手機充電。一打開手機，螢幕馬上塞滿訊息通知，心底忍不住泛起一陣恐慌。我看著昨晚的簡訊與通話紀錄，潘蜜拉非常擔心，媽媽則是問了一大堆問題。隨著時間越來越晚，潘蜜拉還是沒接到我們的消息，最後終於鬆口說我偷溜出去。我知道麻煩大了。

是時候回到維克多維爾，回到無可逃避的現實裡。於是，我們開車離開海洋，再次穿過擁擠的公路商業區與汽車展示中心，進入沙漠、穿越山區、回到家中。我慌張到快崩潰，怡菲也非常緊張，這讓我更加恐慌，因為我以為天底下沒什麼事難得倒她。記得她一再對我說：「我保證我們很快就會再見面。」車子開進我家附近，有輛警車停在家門口，於是我請怡菲開到下一條街再讓我下車。

我走進前門，大家都在廚房桌邊等著。媽媽已經哭了好幾個鐘頭，我真的不喜歡看到她那樣，爸爸則像屍體一樣一動也不動。坐在爸媽旁邊的是個身材矮瘦的女警，她將深色的頭髮往後紮成一個馬尾，完全沒化妝，表情看起來很可怕。

我一踏進廚房，女警就跟爸媽說想單獨跟我談談，爸媽點頭答應後，她帶我到客廳，我們兩人站著，而爸媽仍坐在廚房桌邊，媽媽的啜泣聲如今帶有一絲放心的感覺。女警對我說：「我真不敢相信妳會這樣對待妳媽，還偏偏選在母親節。」我想到自己將母親節忘得一乾二淨，心又往下沉得更深。

「妳知不知道妳爸媽都想通報失蹤人口了？妳跑到哪裡去了？」

「我跟幾個朋友一起去雷德蘭茲度週末，都是一起上學的朋友。」

「雷德蘭茲？真的假的？妳再這樣下去，早晚有一天不是死掉，就是坐牢。」

我看見媽媽這麼難過，不由得嚴肅以對。他們罰我禁足兩星期，我知道自己應當受罰，但是禁足卻澆不熄種種慾望，我想再見到怡菲，想脫離沙漠中一排排米色房屋，想坐在洛杉磯的沙灘看燈光映照在海面上。怡菲擁有獨立行動的自由，可以任意遊走於更寬廣的世界，我也渴望這種自由，而且想跟她在一起。

我很想知道，如果再次離家，真的那麼糟糕嗎？爸媽確實會生氣，我也會因而感到內疚，但他們除了讓我再次進家門，還能怎麼樣呢？他們畢竟是親生父母，向來疼愛照顧我，也一起走過美好的時光和艱辛的歲月，這是絕對不會改變。

某天，我趁媽媽外出工作時，溜到弗羅瑞斯家鬼混。碧安娜、艾希利、潘蜜拉、珍妮、安琪拉還有我睡在沙發上，背景是電視的聲音。當時正值六月，學校已經放假，沙漠越來越熱，海灘在呼喚我們。

潘蜜拉提議說：「我們應該去威尼斯。」潘蜜拉、珍妮和怡菲都喜歡威尼斯海灘，那裡風景優美、海灘遼闊，四周有高大的棕櫚樹、寬敞的柏油步道，以及海邊那些連綿不絕的古怪商店。當然，還有籃球場、海灘附近世界聞名的健身房——肌肉海灘（Muscle Beach），以及街頭藝人、老嬉皮與新嬉皮，沙灘附近的步道上甚至有靈媒算塔羅牌。威尼斯充斥形形色色的奇人異士。

我們越說越興奮，珍妮從沙發起身走到電腦前面。幾分鐘之後，她幫我們所有人預訂一家以古怪聞名的酒店。我知道自己的禁足令還沒解除，也知道爸媽一定會生氣，但還是很想去，渴望逃離無趣的生活，做點刺激的事情。

於是，我請珍妮帶我回家打包行李，潘蜜拉則打電話給怡菲，邀她同行。我到家後，把短褲與T恤扔進海灘包，再一次坐在餐廳桌邊寫字條給爸媽。緊張感使肚子開始疼痛，我不想讓他們擔心，也不希望他們傷心難過，但真的非去不可，我一心只想重溫與怡菲在一起的感受。那天我跟她牽著手坐在聖塔莫尼卡的海灘上，當時的感觸與情景，不可能在家裡的沙發上重演。

「對不起，我很快就會回家。」我把字條留在餐桌上，匆匆步出前門，踏進珍妮的黑色本田汽車，為了減輕心中的罪惡感，我在心中暗想：「只去兩天而已，之後就會乖乖回家度過這個夏天，再回到學校當個超級好孩子。」

我和珍妮分別到潘蜜拉與艾希利家接人，這時怡菲已經抵達，潘蜜拉與安琪拉坐上珍妮的車，我與艾希利則改坐怡菲的車。我們的車隊越過山區、穿過山隘，進入洛杉磯郊區，經過一長串的汽車展示中心、公寓及倉庫，再進入洛杉磯東區，之後過河、穿越市中心，抵達洛杉磯最西方的威尼斯。

六月的長日已經接近尾聲，夕陽西下、黃昏逐漸降臨。我們下了高速公路，越過聖塔莫尼卡，進入威尼斯中心。磚造老旅館的外牆上，吉姆・莫里森（Jim Morrison）❹的人像壁畫赫然出現在眼前。威尼斯海濱的周圍有許多復古服飾店，櫥窗的展示模特兒身穿一九六〇、七〇年代的服裝。繼續往前走，還可見到咖啡館與雜貨店，人行道上滿滿都是人潮。

我們找到預訂的旅館，停好車之後魚貫走出車外，一邊談笑風生，一邊使勁地扛著背包與行李包。珍妮先進旅館辦理入住手續。大廳有鮮豔的塗鴉壁畫裝飾，一切都流露出時尚的現代感。怡菲跟我站在道路上，好奇地注視這裡的一切，我們看見穿著溜冰鞋跟超短緊身泳褲的男孩在玩呼拉圈，還有個男孩綁著銀色頭巾，踩著直排輪咻咻溜過，手裡拿著一把電吉他跟迷你喇叭，唱著其他語言的歌曲。

珍妮走出旅館，告訴我們可以把東西放進房間。安置好行李之後，我們走出旅館，欣賞夕陽美景，順道看看威尼斯的夜生活。一路上經過各式T恤店、香菸店、販賣廉價塑膠太陽眼鏡的紀念品店，還有賣焚香用檀香與廣藿香的商店。怡菲對我微笑，在光天化日之下牽著我的手，但我不時四下張望，看看有沒有人在看我們。

如果是在老家維克多維爾，根本不可能這樣牽著怡菲的手，我在家裡附近那一帶，從來沒見過同性戀，也從沒見過兩個女生在大庭廣眾之下牽手，只有看到像爸媽這樣的人，忙著經營自己的人生，做他們認為應該做的事。像是開車上高速公路，或是去工作、去大賣場，

---

❹ 吉姆‧莫里森是美國一九六〇、七〇年代的著名創作歌手，從洛杉磯加州大學畢業後，與同學共四人組成門戶合唱團（The Doors）。莫里森與鍵盤手雷‧曼澤里克（Ray Manzarek）曾在威尼斯海濱暢談音樂，進而創立樂團，因此該地有莫里森的人像壁畫作為紀念。

但最後總會再回到家中。即使我家那一帶有同性戀在談戀愛，我也不會知道。

我喜歡威尼斯不按牌理出牌，喜歡那種無法預料的新鮮感，喜歡一堆堆的人群跑來跑去，喜歡敲遊客竹槓的劣質商家，喜歡殘留著一九六〇年代嬉皮文化的綜合體。我好愛這裡，可以自由自在地和美麗的女朋友在一起，還能夠和朋友一起吸收這種混亂。這是我生平第一次感到自由，覺得可以做自己，真正體會到活著的快樂。我知道自己無法再回到那種隱藏真實自我的生活。

隔天早上，怡菲把我從睡夢中叫醒，她輕聲叫著我的名字，我昏昏沉沉地睜開眼睛，她又輕喊了一聲。我用一邊手肘支撐著起身，看到潘蜜拉與珍妮窩在同一張床上，艾希利與安琪拉倒在堆著的枕頭與毯子的地上。

怡菲摸著我的頭說：「艾莉克絲，我得回家了。」她說亞利桑那州的祖母病情加重，必須趕回去，馬上就要動身。但是我實在不想離開，還想與怡菲及好朋友一起繼續走下去，希望待在洛杉磯欣賞整座城市，沉浸在美麗的混亂之中。

我第一次發現自己喜歡女生時，光是想到跟女生交往，就覺得害怕無比，完全不想置身其中。但如今踏進這樣的世界，身邊這個漂亮女孩帶來的神奇感受，讓我發現不可能重新適應自己的宗教信仰，也無法再擁抱原生家庭帶來的世界觀。

摩門教不容許女生喜歡女生，兩個女人沒有資格在摩門教堂結婚。我曾對自己說，即使和朋友享受一段不羈的日子，但總有一天會回到宗教中，扮演從小父母賜予的角色，回歸上帝的規劃。現在，我知道這不可能，一個喜歡女生的女生，不可能在上帝的計畫中擁有一席之地，根本回不去了。

我坐在黑暗中，感受頭部被女友輕輕撫摸著，腦海中浮現這些思緒。我完全不想離開這間昏暗的旅館房間，以及身邊那些昏睡的朋友。然而，怡菲一定要回家，所以我也得回家，但回家後要幹什麼？一旦體驗過前所未有的感受，經歷過真實活著的感覺，品嘗過有人喜歡的快樂，領略過被人理解的安心，就更難以回歸沙漠的故鄉，面對受焦慮與無趣所困的生活，我真的做不到。

5

媽媽怒吼：「現在給我滾出去！」

我第二次從洛杉磯回到家，但這次沒有警車停在家門口、沒有警察在廚房等我，媽媽也沒坐在廚房桌邊哭。爸媽知道我會回家道歉，我也知道他們會問我去哪裡，於是老實地向他們坦承，並毫無意外地被罰禁足。我們很有默契地沒有再提起這件事。

接下來的一個月，我關在房間看書、練習大提琴，熬過炙熱又灰暗的夏日。我跟碧安娜、艾希利，還有潘蜜拉互傳簡訊，潘蜜拉異常執著地問我是不是同性戀。我把她幾個月前說的話重複一遍：「不是，我只喜歡怡菲這個女生。」我實在很難想像自己是同性戀。潘蜜拉是我唯一認識的同性戀，她的肩膀很寬，為人魯莽直率，雖然我對女同志所知不多，不過她似乎很符合一般人對女同志的刻板印象，但我並不符合。

怡菲到亞利桑那州照顧祖母，很快就回到維克多維爾。想必她一定很享受一個人開著吉普車，在沙漠上長途奔馳的感受。某個星期五晚上，我問爸媽能不能去找艾希利，他們雖然不怎麼高興，但還是同意了。

三十分鐘後，我坐在怡菲的吉普車前座，她牽著我的手說：「我想妳。」我回答：「我也想妳。」我們前往郊區，把車子停好後立即陷入熱吻。收音機是打開的狀態，看不見的無線電波飛越山區，進入汽車的喇叭。

與怡菲共處的時光總是過得特別快，我偶爾會瞇眼看手機上的時鐘，時間越來越晚了，手機螢幕漸漸填滿艾希利與碧安娜的簡訊，我知道是時候回家了，但和怡菲在一起的時光實在太美好，我們不停親吻著，她跟我說亞利桑那州，還有她祖母在圖森市南區的小屋，接著又聊起大家在威尼斯旅館房間的地上，睡得橫七豎八的模樣。

說著說著我們安靜下來，怡菲的黑色長髮環繞著我，兩人在一片寂靜中親吻著彼此。我突然產生困惑的感受，因為不曾感覺到如此強烈的激情，不曾察覺到心中還有這樣的柔情，也從不覺得自己這麼漂亮。現在回想起來，會覺得有點滑稽，但那就是我當下的感受，以及所想到最貼切的形容。

突然，我想起潘蜜拉的疑問：「妳是不是同性戀？」我實在很難把自己對怡菲的感情，和同性戀的概念聯想在一起。同性戀到底是什麼意思？我一點頭緒也沒有，無論是電視節目還是電影，都很少上演一群同性戀年輕人談戀愛的戲碼，唯一能作為參考的只有潘蜜拉和其女友珍妮，我只認識這兩位同性戀者。

怡菲雙手撫摸著我的脖子與背，讓我突然想起在七年級那年對珊曼莎的情感，想到自己在管弦樂課上，總是一邊看著她的鞋子與長了雀斑的雙腿，一邊聽她演奏大提琴。我又想起那天躺在游泳池旁的混凝土地上，突然好想牽她的手。我要的不只是牽手、親吻，而是一種來自骨子裡更大的慾望。

珊曼莎最美好的那一面吸引著我，她在課堂上經常第一個舉手，好像什麼都懂，而且總是全神貫注地演奏大提琴，沉浸在音樂之中。其他學生經常在背後說她的閒話，嘲笑她祖母經營的拖車屋停車場，而她默默捍衛自己的樣子也令我心動。

至於怡菲吸引我的地方，則是她一頭黑色的長髮、曲線窈窕的雙腿，還有厚底高跟鞋。我也愛她的獨立、對祖母的關懷、勇敢闖蕩洛杉磯的精神，以及總是能讓跟她說話的對象感到自在。

我知道會有這種感覺並非巧合，但還是無法確定自己是否為同性戀。那天晚上，我不再回覆簡訊後，艾希利打電話到家裡找我，她跟媽媽通完電話，謊言馬上就被拆穿。怡菲開車載我回維克多維爾，我心中泛起前所未有的恐慌，下車後已經無法拋開心中的焦慮，更難假裝自己不緊張。

我走過一排米色的房屋，走向我家所在的那條死巷，一路上雙腿顫抖，肚子非常痛。我不知道回家後會面臨什麼場面，但確實有種山雨欲來的預感，當時的我並不知道，整個世界即將驟變。

隔天是在一片平靜中開始，而且平靜過頭。我睡到很晚才起床，爸媽一大早就出門處理事情，回到家時已經是中午。當時我正在換衣服，聽到媽媽叫我的名字，我沿著走廊走到他們的臥室，媽媽站在房門口，爸爸坐在床的邊緣，我走到他們兩人之間。

「妳昨天晚上到哪裡去了？」

「艾希利家。」

「艾希利昨天晚上打來找妳。」

我低頭看著地面，想編個故事瞞過他們，但總覺得這次的心境不太一樣。媽媽又問：「寶貝，妳脖子上那個是什麼？」我聽得一頭霧水，轉身面向衣櫃牆上的鏡子，脖子左側有個紫色印記。「艾莉克絲，妳跟誰上床了嗎？」媽媽的聲音高了一些。

我深吸一口氣，話就這麼說了出來：「媽，我喜歡女生。這個印記是一個女生弄的，我喜歡女生。」連我都沒想到，自己的聲音竟然會如此堅定。一片沉默之後，媽媽尖叫地說：「啊，天哪！」爸爸什麼也沒說，只是低頭看著木板地面。

媽媽不斷尖叫，並且大哭起來。我默默從她身旁走過，回到自己的房間，思考下一步該怎麼做。幾分鐘後，我的手機在衣櫃上嗡嗡作響，住在亞利桑那州的姐姐打電話給我。

「出了什麼事嗎？媽媽剛才打電話給我，她整個人變得歇斯底里。」

「我都跟她說了。」

「什麼叫作妳都跟她說了？」

「我跟媽說我喜歡女生。」

我聽見電話的那一頭傳來嬰兒哭泣的聲音，可以感覺到姐姐的血壓下降，嬰兒哭得越來越大聲，但她還是保持冷靜，深吸一口氣說：「好，沒關係。我們會想辦法解決，妳不會有事的。」走廊的那頭傳來媽媽的啜泣聲。我感覺得到，姐姐不能接受這個消息，但她還是極力維持鎮定地安慰我。突然，媽媽出現在我的臥室門口，爸爸依舊一動也不動地坐在床邊，什麼也沒做、什麼也沒說，只是看著地板。

媽媽拿走我手中的手機，翻看簡訊與語音信箱，她哭著問我：「這個人是誰？」我用假名儲存怡菲的聯絡資訊。我看到媽媽怒火中燒，才想到怡菲恐怕會遭殃，畢竟她已經十八歲，而我才十五歲，於是一句話也沒說，媽媽則繼續查看手機。接下來的一句話，徹底改變了我以後的一切。

「滾，」媽媽的聲音充滿怨毒，「滾出去，給我滾！」

媽媽繼續看我的手機，完全沒有抬頭。她這句話的意思難道是要我滾出家門？她接著說：「艾莉克絲，把妳要用的東西全部都帶走，不然妳下次回來，東西都會在前院的垃圾袋裡。」我整個人愣住，簡直不敢相信會聽見這句話。媽媽站在原地哭，氣得狠狠抓住我的手機。我照著她的話做，拿起繡著我名字縮寫的黑色背包，又從衣櫃拿出幾件短褲與T恤，再到浴室拿牙刷與化妝包。

我走下樓梯，把爸媽留在身後。爸爸還是一動也不動地坐在床的邊緣，媽媽則是在我的房間哭泣。我覺得自己快要吐出來，但雙腿還是繼續往前走，一路走到艾希利家，心情差到說不出話。艾希利看見我難過的表情，問道：「出了什麼事？」我向她借手機打給碧安娜，說自己被趕出家門，拜託她來接我，接著請艾希利暫時讓我一個人靜一靜。我走進浴室把門關上，打電話給怡菲，她在開車途中接到電話，電話那頭傳來沙漠風聲。

「我跟爸媽說我喜歡女生。」

「啊，慘了。他們怎麼說？」

「他們把我趕出家門。」

「天哪。」

「他們現在在找妳。」

怡菲不說話了，我聽見她把車子停在路邊。我們沉默一會兒，她好不容易才開口：「他們說不定會報警。」我回答：「我知道，我覺得他們會。」接下來又是一段長長的沉默。她小心翼翼地問：「妳把我的名字跟他們說了？」我堅定地回答：「沒有，我不會告訴他們。」即使自身處境如此悽慘，我還是很慶幸能保護怡菲。

碧安娜和她媽媽過來接我，誰也沒提起我家發生的事情。不曉得凱西是否知道我今晚要在他們家過夜的原因，也不知道艾希利有沒有告訴她。我們一抵達弗羅瑞斯家，凱西便閃進臥室，我則是拿著包包，走到碧安娜的房間。碧安娜從車庫走出來，手裡拿著在好市多買的桶裝巧克力碎片餅乾麵團，對我露出一個燦爛卻有點無奈的微笑。

我們在廚房裁切一塊塊餅乾麵團，整齊地放在烤盤上。碧安娜有個壞習慣，一旦遇到危機就要吃東西，我們坐在廚房吃巧克力碎片餅乾，從下午吃到傍晚，再從傍晚吃到晚上，最後倒在沙發上，享受冷氣與電視。碧安娜睡著以後，我還是沒有哭，而是躺在黑暗中思考，一顆心怦怦跳個不停，腦袋一片恐慌。

我跟爸媽說自己喜歡女生，他們便把我趕出家門。然而，這不是我第一次向他們坦承難以接受的真相。我第一次吸大麻就向他們坦白，他們聽了相當冷靜，也表示可以諒解，絲毫沒有表現出慌亂的樣子，大概是因為我幾個哥哥也吸過大麻，所以爸媽知道該怎麼做。

但是，養出一個喜歡女生的女兒就完全不一樣，他們不知道該拿我怎麼辦，想必一定相當錯愕，尤其是媽媽。因為我們信仰的宗教告訴她，上帝不會接納我這樣的人。也就是說，支撐著她的信仰與社會容不下我這個同性戀，上帝的計畫中沒有我的份。

經過這番思考，我能理解爸媽內心多麼恐慌，自己也相當難過。但在這一刻，十五歲的我躺在碧安娜家的沙發上，不知道該何去何從，無法想像往後的日子，只感受到母親的羞愧，還有父親的沉默重重壓在心頭，快把我擊垮。

一個星期過去了，爸媽不曾跟我聯絡，連一句話也沒有，他們的沉默讓我傷心又害怕，而我的煩惱則是越來越具體：快要開學了，我還能去上學嗎？一直住在弗羅瑞斯家，沒有錢買衣服和上學用品怎麼辦？爸媽會不會在開學前來接我？

碧安娜和我一起打發時間，用過去消耗無聊時光的方法，減輕我的壓力。我們和安琪拉、潘蜜拉一起窩在客廳的沙發上，但對於我目前的處境，沒有人知道能說什麼，一切照舊，彷彿什麼都不曾發生。我們把冷氣開得很強，以對抗沙漠的酷熱，有時候在客廳看電影與音樂錄影帶，或是放鬆地抽煙，有時候也會做甜點來吃，把好市多的冷凍巧克力碎片餅乾麵團放進烤爐，坐在廚房吃新鮮出爐的餅乾。

某天，大家剛吃完晚餐，凱西說爸媽打電話來詢問近況，但還不想跟我說話。除了這句話以外，弗羅瑞斯家家長沒再說起我的情況，很有默契地避開敏感話題，絕口不談為什麼我被趕出家門、不談我是同性戀，也不談同性戀身份對往後人生與家庭會有什麼影響。弗羅瑞斯家的父親雖然是教會的大祭司，如今也是無言以對，但這對我來說是好事，不用聽到有人引用《舊約》經文，說同性戀多麼討人厭，或是上帝有多麼厭惡我。

不過，他們當中也沒人安慰我，或是說出可能改變我或父母想法的話，例如：「上帝愛每一個人」、「這不是誰的錯」、「事情會順利解決的」。現在回想起來，弗羅瑞斯夫婦對於潘蜜拉是同性戀的事，想必也是感到無比驚駭、難以承受，一如爸媽對我的感受。他們大概也不知道該說什麼，摩門教能給予同性戀父母的幫助非常有限。

第二個星期過去，爸媽還是沒與我聯繫，在勞動節前一天晚上，碧安娜的爸媽走進客廳，首先打破沉默的是碧安娜的爸爸：「艾莉克絲，妳爸媽叫我們不要跟妳說，但我們還是覺得應該要說。」我屏住呼吸聆聽，心中的焦慮再度升起。他接著說：「妳爸媽要過來接妳，帶妳到猶他州跟祖父母一起住。」

我深深吐出一口氣，覺得這個主意很好，祖父母以前住在奧海鎮時，我就很喜歡去他們家。他們住在一個大大的老宅裡，四周圍繞著柳橙果園與蔬菜園，院子裡有貓咪和兔子跑來跑去。祖父母幾年前搬到猶他州南部，我一直很想去拜訪他們，也覺得住在那裡輕鬆愉快。

我認為應該跟爸媽保持一點距離，想想下一步該怎麼走比較好。弗羅瑞斯一家人待我很好，但總不能一輩子睡在他們家的沙發上。

我走到碧安娜房間打包行李，不停在腦海中預演，回家之後爸媽會說什麼，又能跟他們說什麼。我對很多事情到抱歉，不該一聲不吭就出門，害他們擔心，也不該做個難搞的孩子。但是，我無法為親吻怡菲或是喜歡女生而道歉，再也回不去了。

不到一小時，有人敲了敲前門，弗羅瑞斯夫婦請爸媽進門，媽媽在門口哭泣，爸爸則是感謝弗羅瑞斯夫婦的照顧，接著摟住碧安娜的肩膀擁抱她。我在客廳目睹一切，但沒人跟我說話，後來爸爸抬起頭，揮揮手說：「艾莉克絲，我們要走了。」

我拿起背包走向前門，與碧安娜、弗羅瑞斯夫婦一一擁抱致謝，然後隨著爸媽走進炎熱的沙漠之夜。

第2部

面對殘忍霸凌與改造，內心激起「我自救」

6 抵達猶他州聖喬治，承受地獄般的試煉

我抬起頭來，看見媽媽白色的龐帝克汽車塞滿我的東西，包括裝著衣服的手提箱，裝有洗髮精與沐浴用品的包包，還有大提琴。此時，我的目光對上爸爸的目光，他說：「妳要在祖父母家住兩個禮拜，之後再來看看該怎麼辦。」我坐進後座，爸爸坐上駕駛座，媽媽則坐在副駕駛的位子上啜泣。爸爸開車離開社區，沿著長長的大道，開上十五號州際公路，我看到印著「往北：拉斯維加斯」的綠色路標。爸媽的沉默壓在我們三人的心頭，我望著他們的後腦杓，希望有人開口說話。

維克多維爾的灰泥房屋與公路商業區終於消失，僅能偶爾看見一個加油站。接下來，只見連綿不絕的灌木、山麓與沙漠，穿插早已斑駁的拉斯維加斯度假廣告牌，還有公路旁邊排成一排的廢棄輪胎，以及頭上的大型輸電線。爸媽仍然不發一語，車子逐漸接近一個叫作貝克的沙漠城鎮，我終於抵擋不住瞌睡蟲的侵擾，拿出枕頭窩在座椅上睡著了。

我醒來的時候，爸爸即將到內華達州的州界停車加油，他開下高速公路，經過一座看起來像城堡的賭場，以及印地安頭飾造型的大型霓虹燈賭場廣告牌，上面寫著「水牛比爾之家」，黃色的雲霄飛車軌道蔓延在霓虹燈廣告牌與旅館四周。

爸爸把車子停在加油站，下車加油，媽媽轉過來對我說：「艾莉克絲，妳想不想吃點什麼？」加油站的燈光打在媽媽的臉上，因此我可以仔細觀察她的表情。她現在沒有在哭，但眼睛紅紅腫腫的，臉上有好多皺紋，我在一片漆黑的後坐中說：「不用了，我不餓。」

往後的每一天，每個月，我都時常回想這一刻。如果當時說想吃東西，也許爸媽會帶我到一家晚上不打烊的賭場餐廳吃飯，我們可以坐下來面對彼此，然後點一份鬆餅加蛋，一邊喝無限供應的柳橙汁、一邊聊天。爸媽會說出他們的打算，怎樣讓一切更好，我也有時間說服他們打消念頭。也許我有機會逃跑，當下就逃跑。結果這些都沒有成真，爸爸加滿油回到車上，一個字也沒說，車子再度開上公路，駛入沙漠的黑暗，我則是繼續睡覺。

我再度醒來時已是清晨，從車窗往外望，可以看到維京河峽谷的紅色岩壁，一層層的沙岩被河水侵蝕，像個小型版的大峽谷。離開峽谷後又是平穩的沙漠地，在聖喬治郊區的公路邊緣，有個印著「歡迎光臨猶他州」的巨大路標。

聖喬治為十五號州際公路上第一個猶他州城市，可說是其他世界的終點、摩門教世界的起點。十九世紀，以楊百翰（Brigham Young）為首的一群摩門教拓荒者，創建猶他州，城市設計依循愛達荷州、亞利桑那州等摩門教城市的網格系統：教會的大禮拜堂在正中央，東西南北所有街道都一一編碼，編號依據禮拜堂到城市邊緣（紅沙岩懸崖）的距離。

我們再次開下高速公路，轉進聖喬治大道，經過幾家賣場後，又是一連串的加油站、速食店，還有一九五〇年代的汽車旅館。聖喬治這些年發展得不錯，吸引許多像祖父母一樣的年長摩門教徒。祖父母家從前在奧海鎮，是兩層樓隔板屋，有陽台、果園和花園，如今搬到聖喬治邊緣的規劃區，是小巧的一層樓建灰泥房屋。

想必他們覺得住在聖喬治比較有安全感，因為鄰居幾乎都是摩門教徒，大家的信仰與思想一致。在聖喬治的某些社區，每隔幾條街就有一個教堂，而且每個看起來都很類似。

那天是勞動節的早晨，街上空蕩蕩、非常安靜。爸爸停好車後，我伸手到後車廂拿手提包，還有粉紅色與白色條紋的包包，裡面有洗髮精與吹風機。我在車上度過漫長的一夜，只想先好好洗個澡休息。祖父母在前門迎接我們，我跟著父母進屋，祖母張開雙臂，我放下包包擁抱她。爸爸問祖父母：「準備好了嗎？」我心頭閃過不祥的預感：「準備好什麼？」

媽媽看我一頭霧水的表情，停下來對我說：「我們等一下要跟一位小姐碰面。」她吞吞吐吐地繼續說：「妳住在這裡的時候，她會教妳學校的課業。」我仔細看爸媽和祖父母的表情，除了媽媽又哭了之外，大家都非常冷靜。一切都靜止不動，我覺得很不對勁，這當中一定有什麼問題，但是誰也沒說話。

我跟著祖父母和父母坐回車子裡，爸爸開了幾分鐘之後，停在一間棕色灰泥房屋前面，它的屋頂鋪著瓦片，外觀與祖父母家和街上的每間房子一樣。而且，這間房子即使出現在蘋果谷、維克多維爾，或十五號州際公路上的任何沙漠城市也不奇怪。順帶一提，猶他州南部的每個小社區都有一、兩個自己的大教堂，而且沙漠的沙岩是紅色。

房子的前院有一小塊乾乾的草地，還有幾棵剪短的夾竹桃，葉片呈現枯黃狀態。我看見後院的岩石上，有個紅黃相間的塑膠玩具屋，已經有點褪色。父母與祖父母一語不發地下車，把我的東西從後車箱一一拿出來。我全身僵住，一動也不動地坐在後座，顫抖地放聲大喊：「你們在幹嘛？這是什麼地方？這裡是哪裡？」

此時，一個女人從前門走出來跟爸媽打招呼，她看起來三十幾歲，擁有橄欖色的皮膚和長長的黑色捲髮，身穿很窄的牛仔褲，T恤上有大大的South Pole草寫字樣。我聽見祖母用平靜而微小的聲音說：「嗨，緹安娜。」那個叫作緹安娜的女人對爸媽說：「強尼剛剛才起床，他馬上就出來。」

這個女人叫作塞麗維雅・緹安娜・席爾，她給祖母一個大大的擁抱，又轉身跟爸媽握手擁抱。這是爸媽第一次見到緹安娜本人，但每個人都是一副相識許久的樣子，臉上掛著燦爛而熟悉的微笑，在我看來卻帶有一些殘忍的無奈。除了我以外，似乎每個人都很清楚接下來會發生什麼事。我覺得一切不太對勁，於是伸手把車門鎖上。

沒過多久，衛斯理・強尼・席爾出現在車道上，大家都稱他為強尼。他和緹安娜一樣擁有橄欖色皮膚，而且身材很魁梧，身穿一件特大號的白色T恤、籃球短褲，還有亮綠色的Nike球鞋。

強尼亮出大大的微笑，跟爸媽握手打招呼。我的喉嚨變緊，恐慌在心中蔓延。這些人是什麼人？我們為什麼在這裡？我望向汽車儀表板，看見爸爸的手機放在那裡。父母、祖父母、強尼和緹安娜把我的東西拿進屋子裡，包括手提箱、手提包、條紋包包，還有大提琴箱。我拿起手機，不知道能打給誰？誰能幫我？我知道不能打給怡菲，如果用爸爸的手機打給她，等於公開她的電話。於是，我先打給碧安娜，但電話響了四聲就進入語音信箱。

當我準備打給艾希利，聽見四周的鎖全都被解開，強尼拿著車鑰匙站在車子外面，他打開車門用力抓住我的胳臂往外拖，並直視我的臉說：「不要讓我們難做人。」我的眼眶湧出淚水，好像感覺不到腳底下的地面，我嚇壞了。強尼帶著我走向屋子，穿越短短的走廊到客廳。爸媽坐在棕色的塑膠沙發上，祖父母站在他們身旁，緹安娜則是在祖父母旁邊。

我熱淚朦朧地開口問：「媽，這是什麼地方？」媽媽毅然決然地說：「艾莉克絲，妳要在他們家住一小段時間。妳需要幫助，他們會幫助妳，千萬不要**逃跑**。」我的視線從媽媽身上移開，轉而掃視整個屋子，我看到一間廚房，二樓有一個閣樓，以及幾道通往臥室的門，還有一個通往後院的側門，但我目光所及都沒有電話的蹤影。

我聽見自己大喊：「媽，求求妳不要這樣，求求妳不要把我丟在這裡！」我望著爸爸，他不發一語地看著地面。強尼的聲音打破沉默：「妳會在這裡待上三個月還是三年，全看妳自己。」我這才恍然大悟，爸媽把我送到這裡是因為我是同性戀，除此之外沒有別的原因。沒錯，我一直都不乖，害爸媽擔心，但我很清楚，自己之所以會被送到這裡，是因為我說自己是同性戀。

爸媽、祖父母和我全部都在哭，緹安娜輕輕打斷我們，對爸媽說：「我請你們帶來的文件都帶來了嗎？」爸爸扶著媽媽從沙發站起來。媽媽哭得很厲害，幾乎是泣不成聲，我也泣不成聲地說：「媽媽，拜託。」

這些人我完全不認識，也從來沒見過，爸媽為什麼要把我丟給完全不認識的陌生人？他們想必是走投無路了。媽媽從手提包中，拿出幾份學校與健保的文件給緹安娜，我的情緒從悲傷轉為憤怒，怒氣在那一刻瞬間爆發。

我大喊：「我恨妳！」爸媽和祖父母聽聞後，全都對我投以悲淒又心照不宣的眼神，接著轉身走出客廳，一句再見都沒有說。我聽見前門被打開，又喀嚓一聲地關上，想跟著他們走出前廊，但強尼雙手抱胸，站在我與門之間。門外傳來引擎發動的聲音，爸媽與祖父母開車離去，我的心也沉落谷底。

7 被整個城市孤立，沒有人伸出援手

爸媽開著車子逐漸遠去，我閉上眼睛，想像自己離開猶他州，越過維京河峽谷，經過拉斯維加斯，穿越沙漠回到家中，與熟悉的人團聚，回到艾希利、碧安娜和怡菲身邊。我睜開眼睛，強尼仍然擋在我與前門之間，碩大的身軀結實而威武。我腦海浮現一連串的問題：這些人是誰？這是什麼地方？要怎麼離開這裡？

我再次轉身觀察周遭的環境，短短的走廊連結前門與客廳，抬頭可見挑高的客廳天花板，二樓的閣樓裡排滿一張張窄床。客廳有另一道門通往一樓的主臥室，右邊有個櫃檯將客廳與廚房分隔開。另外，廚房有一道與後院相連的玻璃拉門，以及一條似乎可通往另一間臥室的走廊。

客廳裡的棕色組合式沙發上，某部分的外皮被磨損得非常嚴重。沙發前的矮桌放著一台大螢幕電視，前面的地上堆著電動遊戲機、電線，還有遙控器。另外，客廳靠近主臥室的牆邊有個書架，腳下的米色地毯髒兮兮的。這間房子的前門和尋常的住宅區房屋沒什麼兩樣，只要一開或關門，便會發出沉悶的聲響。

我的手提箱、手提包、包包，還有大提琴箱被擺在客廳，緹安娜朝著我的東西走過去說：「讓我們一起看看這些東西」，說完便打開手提箱，我即使不情願卻不敢吭聲。爸媽把我丟給一群完全不認識的人，而且強尼和緹安娜的塊頭大，讓我完全嚇懵了，害怕到不知所措。她跪著打開地上的手提箱，強尼站在她旁邊看著，我則坐在客廳地板上。

緹安娜先拿出爸媽幫我打包的《聖經》與《摩爾門經》，封面還燙有我的名字，她放在身旁的地板上。另外，爸媽也幫我準備一本全新的日記本，教會總是鼓勵我們寫日記，說這不但可以反省自身，也能避免偏離上帝的計畫。我自己習慣把日記當成整理思緒、保有秘密的地方。

我被爸媽趕出家門的那一陣子，潘蜜拉到我家去幫忙保管舊的日記本，那裡面寫滿我和怡菲交往的細節。爸媽打包的新日記本很大，封面圖案是一群棕色的小鳥，窩在充滿樹葉的大樹枝上，緹安娜拿起日記本放在兩本經書上面。我的化妝品與吹風機則被堆在另一邊，看來短時間之內很難再見到它們。

接下來，緹安娜開始整理爸媽打包的衣服，當中有我常穿去上學的衣服，大多數是短褲與T恤，還有幾件背心式上衣。緹安娜拿起一件灰色的背心式上衣，用責怪的眼神看著我說：「妳應該知道這種衣服不端莊。」

教會很重視端莊，一天到晚表示：「不准穿熱褲，裙長要及膝，不准穿兩件式的泳裝，要遮住肩膀。」媽媽也老是責備我說不該穿背心式上衣去學校。緹安娜把灰色背心式上衣扔進化妝品那一堆，又拿起粉紅色背心式上衣，再次扔進同一堆，並白了我一眼說：「不端莊。」

接著，她拿起一件白色迷你裙說：「這件也不得體，而且妳太在意品牌了」，一邊說一邊滿臉不屑地翻看我的Aeropostale❺連帽衫，放進化妝品那一堆。我從來不覺得自己特別追逐名牌，倒是發現緹安娜穿著SOUTHPOLE❻品牌的T恤。

緹安娜繼續評論我的衣服，一層層拿出來看，直到手提箱完全清空。她幾乎把所有東西扔到同一堆，大概只留下我的經書與日記本，其他都放回手提箱，接著她抬頭望向強尼，強尼將我的手提箱及大提琴箱拿到車庫。接著，緹安娜走進主臥室，走出來時手裡多出一個黑色垃圾袋，她在我面前打開，把裡面的東西倒出來，地上頓時出現一堆長裙，以及印有猶他州度假勝地字樣、教會營隊名稱的特大號舊T恤。她說：「妳住在我們家的這段時間，就穿這些。」這些衣服來自於教會經營的廉價連鎖商店。

我一邊點頭答應，一邊慢慢翻看那一堆衣服，再全部放回垃圾袋。爸媽幫我打包的那幾件衣服其實也沒多好，但如果連那些都不能穿，我與家人好像又被斬斷一個連結，一切即將全部消失不見，不剩一絲一毫的留念。

緹安娜領著我到臥室，強尼跟著我們走過走廊。臥室的門是開啟狀態，其中一側擺著幾張女生的床，另一側地上擺有薄薄的粉紅色床墊，上面堆著一些毯子。緹安娜對我說：「這就是妳的房間。」

不久後，我聽見車庫的門被打開，接著是孩子們進屋的聲音，緹安娜先走出去迎接他們，強尼在她出去後，把門關上並對我說：「換衣服。」我手上拿著經書、新日記本，以及一袋廉價商店淘汰的舊衣，打算等他走出去再更衣，但他又說一次：「換衣服，我不會走的。」我的心沉落谷底，脖子上的毛髮倒豎，血液裡的腎上腺素飆升。這是我第二次獨自面對強尼，我看了他的肩膀寬度和戰鬥架勢，就知道自己應該感到恐懼。

我轉身背對他，把經書與日記本放在薄薄的粉紅色床墊上，再從垃圾袋中拿出特大號的藍T恤，以及綠色與棕色相間的長裙。我脫去身上穿的灰色馬球衫，刻意將肩膀往內縮，盡量少暴露一些，再把T恤往頭上一套。接下來，我解開短褲的釦子，把腳跨出去，感覺他的目光直射背部。我又氣又羞，整張臉都紅了。我背對著強尼說：「換好了。」然後聽見他打

❺ 美國知名的連鎖休閒服飾品牌，追求生產高品質、平價且兼具流行時尚的服飾，深受年輕人喜愛。

❻ 美國知名平價服裝連鎖品牌，設計基調以嬉哈休閒為主。

開房門走到廚房，跟家裡其他人一起吃午飯。我在房間站了一下子，努力吞下心中的憤怒、恢復冷靜。

緹安娜喊我去廚房，並介紹我說：「孩子們，這位是艾莉克絲。」我數了數，廚房桌邊總共坐著七個人，他們都吃著塑膠碗裡的拉麵。

十九歲的西法個子很高、肩膀寬厚，頂著一頭深色頭髮，臉上始終掛著文靜的微笑。我後來才知道他是緹安娜的外甥，曾在鹽湖城跟一群不良少年鬼混，某次和幫派份子喝酒廝混而闖禍，因此被爸媽送來跟強尼與緹安娜一起生活。他有時也會表現出吵鬧和逗趣的一面，不過他現在的目的是維持家中和諧。

十八歲的凱文是緹安娜的弟弟，搬到這裡只是想逃離他家，因為緹安娜老家的某位家庭成員會欺負他。凱文的個子比西法矮，而且非常安靜，他在席爾家住了很久，但沒過多久我就發現，他會想盡辦法避開強尼。

再來是強尼與緹安娜的兒女。長子是十二歲的維克多，緹安娜十九歲時懷上他，當時強尼才十六歲，另外兩個兒子分別是十一歲的約瑟夫、九歲的席歐，每個人都跟爸媽一樣擁有健壯的體格、深色的頭髮。維克多是足球員，也是家裡的明日之星。約瑟夫的腦袋有點不太靈光，常被強尼奚落。席歐的身高以他的年齡來說有點矮，但很神奇地竟然免於被強尼嘲弄，他爸媽甚至允許他把頭髮留長，梳成馬尾。

強尼與緹安娜還有兩個女兒，八歲的奧莉維亞最愛打小報告，由於強尼常嫌她懶惰，便用此方式反擊。四歲的葛蕾絲是家裡年紀最小的孩子，坐在緹安娜的大腿上，笑得很燦爛。奧莉維亞與葛蕾絲睡在同一間房間，我今晚就要去睡她們房間的地板。順帶一提，西法向來特別照顧葛蕾絲，常和她在一起。

緹安娜問我：「妳餓不餓？」我拋下一句：「不餓，謝謝」，便走出廚房，不理會飢餓的折磨。自從爸媽帶我離開加州，我還未吃東西。強尼對著我的背影喊道：「妳這樣對自己沒好處。」我不理會他，逕自坐在客廳的地板上。

午餐過後，強尼坐在沙發上，幾個男生也跟他坐在一起，奧莉維亞與葛蕾絲則回到房間玩。不久後，強尼挺直肩膀說：「艾莉克絲，我現在告訴妳幾件事情。第一，不要跟孩子們說話。第二，不要拿不屬於妳的東西。第三，凡事照我們的話做，妳就不會有事。」

幾個男生坐在沙發上，抬頭望著強尼，他再次重申之前在我爸媽與祖父母面前，對我說過的話：「妳會在這裡待上三個月還是三年，全看妳自己。」當我聽到三年這個詞，覺得腎上腺素再度飆高，心跳加快。

「第四，緹安娜跟我都在這裡的青少年機構工作，我們認識這裡的每個人，包括警察、學校，還有法院，他們都知道我們收留有問題的孩子，妳覺得他們會相信我們，還是相信妳？第五，妳要記得，越是辛苦就會成長越多。」我聽完這五點聲明，忍不住詢問一直藏在心中的問題。

「我什麼時候能跟爸媽說話？」

「妳要是表現良好，一個禮拜可以跟他們接觸一次。」

「我什麼時候可以跟祖父母碰面？」

「暫時不行。妳如果表現夠好並值得信賴，我們也許會帶妳上教堂。但是就算在教堂，妳也不能跟他們說話。」

我漸漸明白，自己無法與家人、朋友聯繫，而且擁有的東西幾乎都被鎖在車庫裡，還有兩個陌生人負責看管我每天的一舉一動。他們可以把我拴在這裡三年，直到十八歲才能離開。強尼詢問：「妳了解嗎？」我點頭說：「了解。」我的惡夢真是清清楚楚。

強尼演講結束後，便叫席歐把電動遊戲的遙控器拿給他。席歐從沙發起身，打開電視，將遙控器遞給他。我愣愣地坐在地板上，顯然沒有人理會我，一旁的強尼、西法、維克多、席歐，還有約瑟夫在玩射擊電動遊戲《決勝時刻》，槍聲、爆炸聲從光禿禿的牆壁反彈過來。

我看著電視螢幕暫時放空腦袋，可能看了快一個小時，一心想著如何迎戰眼前的情況。

後來，我因為真的不知道該怎麼辦，加上受不了跟強尼共處一室，一分鐘都不想多待，於是開口問：「我可以回到房間嗎？」強尼隨口同意，但視線始終沒離開螢幕。我望向西法，他的目光與我短暫交會。

我回到奧莉維亞的房間，坐在床墊上想：「我一定要想辦法離開這裡，一定要。」但是，我沒有手機、車子、駕照，也沒有錢，只有散落在手提包底層的兩個二毛五硬幣。而且，我沒辦法聯繫朋友，不知道怎麼告訴他們自己在這裡。雖然這裡離祖父母家只有幾條街的距離，但我不熟悉這一帶，連怎麼走到州際公路都不曉得。不過，我並沒有灰心。

我心想，再給我幾天就會想出辦法，我每次惹麻煩都有辦法脫身。我知道自己很堅強，個性倔強到不行，所以一定會找到解決方法。我專心思考時，發現肚子餓得發痛，腦海突然閃現靈感：「我只要絕食就行了，這樣他們就得把我送到醫院，到時候便能逃走。」

時間從下午進入夜晚，電動遊戲的聲音穿透薄薄的牆壁，我的腦袋想出一個計畫。夜晚到來，我沒有走出房間吃晚餐，也沒有人硬把我拉出去，我仍舊待在床墊上盯著天花板，感覺沙漠的熱氣困在屋裡沒有散去，即便開著冷氣也同樣悶熱。

奧莉維亞洗好澡準備上床就寢，緹安娜幫她蓋好被子，沒跟我說半句話。我一動也不動地躺著，手掌握拳，心裡篤定地想：「再過幾天，我就有辦法離開這裡。」

第一天晚上，過度憤怒和恐懼使我哭不出來。隔天早上，我很晚才醒來，腦袋昏昏沉沉、糊裡糊塗，想等腦袋清醒一點再打開房門。孩子們都上學去了，屋子裡一片死寂，我走進浴室洗澡，換上新衣服後再走到廚房。我從廚房看見強尼睡在客廳的沙發上，心想緹安娜必定是去上班了，但不知道她在哪裡上班。我認為這是個好機會，告訴自己一定得找到一個電話。

我瞧瞧櫃檯，又望向堆滿垃圾信件與學校文件的小桌子，上方的牆壁釘有孩子們在學校的照片，我盡量不發出聲響地摸索那些文件，感覺到指尖摸到一個無線電話。我拿起電話，心跳加快地按下按鍵，放在耳朵旁邊聽，卻沒聽見撥號的聲音，電話是斷線狀態。我安慰自己：「沒關係，會有辦法的，我以前也碰過棘手的局面，總會找到辦法離開這裡。」

此時，前門被打開了，還在睡覺的強尼動了一下。緹安娜回家了，對我說：「艾莉克絲，妳要到學校註冊。」我跟強尼與緹安娜住在一起，竟然還能去上學，這讓我心中燃起一絲希望，期待有機會離開這個屋子，無論什麼機會都行，也期待能接觸到其他人。

緹安娜說：「我們今天要帶妳到高中註冊，不過妳是在家裡唸書，我們會陪妳。」她從餐桌拿了一個文件夾放進手提包，我跟著她坐上藍色雪佛蘭汽車，盡量看清房屋的號碼與街道名稱，並將它們一一記下。車子離開社區往市區走，我仍努力維持方向感。

到了學校的辦公室，緹安娜把文件夾交給註冊櫃檯的女士，並將手朝著我比了一下說：「我要幫她辦理註冊。」櫃檯的女士看了文件後問我：「妳是從加州來？」我輕輕地點頭，並在恐慌中暗想，要求救就趁現在，也許她能幫我，但又想起強尼對我說的話：「我們認識這裡的每個人，包括警察、學校，還有法院，他們都知道我們收留有問題的孩子。妳覺得他們會相信我們，還是相信妳？」

我什麼也沒說，看著緹安娜把文件交給那位女士。那些文件有爸媽的簽名，同意把我的監護權交給強尼與緹安娜，我簡直不敢相信我的眼睛。女士默默看完文件，頭也不抬地說：「她必須待在加州境內，這些文件才有效。妳要到區公所，拿猶他州的定居者監護權表格，還要辦理公證，還有……」緹安娜聽完後用力吐氣，身體動了動。接著，女士抬頭問我：「妳超過十四歲了嗎？」我點頭。女士說：「那她也要簽名才行。」

我們走回車上，一道小小的門彷彿已然打開，我要是不簽字會怎樣？我要是怎樣也不簽，堅持想回到爸媽身邊，又會怎樣？他們是不是只能把我送回家？那天晚上，我拿出爸媽替我打包的日記本，開始寫下我的第一篇日記。

二〇一〇年九月七日　星期二

那女的今天開車載我到學校註冊，學校說無法辦理，叫我們到區公所，因為我必須待在加州境內，爸媽簽署的監護權文件才有效。真是謝天謝地！區公所的辦事員跟我們說，如果我超過十四歲，就必須簽一張同意書，表示願意住在這裡。我超高興的。

我把包包裡找到的兩毛五硬幣帶在身上，如果遇到公用電話就能派上用場，結果半個都沒看到。我從禮拜天到現在，什麼都沒吃。他們很快就得送我去醫院。

我闔起日記本又閉上眼睛，一直想到媽媽跟我分別的那一刻，以及她哭泣的模樣，我不相信她會一直糊塗下去，她和爸爸一定很快就會改變心意，把我接回家。我又想到怡菲，想起她一頭黑色的長髮，我是多麼思念她，想念我們在一起的時光，以及和她說話的感覺，就像其他的青少年一樣深陷於愛情。但是我受傷了，內心的戰鬥本能根本敵不過痛苦，想到這裡，眼眶終於盈滿淚水。

我知道無論把日記藏在哪裡，席爾夫婦都有辦法找出來看，他們想知道怡菲的消息，好讓她被警察逮捕起訴。但我不想連累怡菲，只想要一個傾吐心聲的地方，如果只寫她的名字不寫姓氏，應該就不會有事。於是我又回頭寫日記。

我想死。怡菲是我活下去的唯一理由，但如今我除了掉眼淚，什麼也做不了。我痛恨這些人、爸媽、祖父母，還有全天下的摩門教徒。我覺得好無助，長時間沒吃東西讓胃非常痛，但我發誓不會投降。

隔天我醒來換好衣服後，故意待在房間不出去，來避開強尼、廚房及早餐，這樣他們就不能逼我吃東西。孩子們走出家門上學後，前門關上了，強尼在客廳走來走去，幾分鐘後又坐回沙發，《決勝時刻》的聲響再次充斥整個屋子。

大約在午餐時間，緹安娜走進房間，說要與我、葛蕾絲和強尼到外面吃午餐。我們一行人坐上藍色雪佛蘭汽車往市區前進，麥當勞位於公路附近的聖喬治大道上。強尼、葛蕾絲和緹安娜站在收銀機前面，抬頭望著菜單，緹安娜走上前點餐，問我想吃什麼，我忍著胃裡空蕩蕩的感覺說：「我不餓，可以去洗手間嗎？」緹安娜一邊應允，一邊拿起裝著餐點的托盤，跟著葛蕾絲走到遊樂區。

我打開洗手間的門，看到一個上了年紀的拉丁裔女子，身穿麥當勞制服上衣，戴著麥當勞的黑色帽子，手拿塑膠掃把。我腦筋轉得飛快，對她說：「幫幫我。」她搖搖頭表示不懂英語，但棕色的眼睛流露出溫暖的關懷，似乎察覺到我的苦惱。我比出拿起電話貼近耳朵的手勢，對她說：「妳有手機嗎？」她點點頭，從黑色制服長褲的口袋掏出手機。我走進洗手間，緊張兮兮對著門示意，她又點頭，將身體與掃把移到我與門的中間，替我把風。

我拿著手機，雙手不停顫抖，心跳得很快。一開始不知道該打給誰，腦海裡浮現席爾夫婦對我說過的話，他們認識這裡的警察，所以警察大概不會相信我說的話，也不會幫我。又想到爸媽，但當初就是他們把我送到這裡。於是，我打給了怡菲。

「喂？」

「是怡菲嗎？」

「艾莉克絲？妳在哪裡？」

「爸媽把我送到這裡跟陌生人住在一起。」

我才開始結結巴巴說出這些話，緹安娜就開門進來說：「艾莉克絲，把手機給我。」那位麥當勞員工默默露出歉疚的眼神，緹安娜把手機還給她，一把抓住我的胳臂並厲聲咒罵：「艾莉克絲，妳真他媽的，我跟妳說過不准用手機。」

她牢牢抓住我的二頭肌，把我拖到遊樂場，對葛蕾絲和強尼說：「把你們的午餐打包帶走，到車上等我」，接著轉身走向通往停車場的玻璃門。我嚇得心都跳到喉嚨，一心想著不能再坐那部車，不能再回到那個房子，於是開始對著麥當勞所有的人大喊。

「我不要！救命啊！救命啊！」

「閉上妳的狗嘴！」緹安娜把我拖向大門。

「救命啊！救我！我不要跟她走！求求你們救救我！」

我厲聲尖叫，望著那些在遊樂區跑來跑去、埋頭享用快樂兒童餐的爸媽與孩子，但那些人連看都不看我一眼。緹安娜拽著我走出大門，一路上咒罵不休：「給我上車！」我想掙脫緹安娜的手跑走，但聖喬治大道上的汽車旅館與速食餐廳後面，有一排紅色懸崖，彷彿一道牆，能逃去哪裡？我的腦袋完全凍結。

緹安娜把我推進車子的後座，強尼把葛蕾絲抱到我身旁，關上車門，緹安娜發動引擎，將車子開向聖喬治大道和市區邊緣的紅岩山丘，他們居住的社區就位於山丘的陰影之中。緹安娜說：「以後沒經過允許，休想離開我的視線，連去洗手間都不行。」坐在駕駛座旁的強尼望著正前方，邊搖頭邊低聲笑說：「妳不應該搞這種飛機，這下可有得瞧了，妳覺得自己可以鬥得過我們？以為跑得了嗎？」強尼與緹安娜都笑了，我的肚子更痛了。

我回到他們的家，走進房間盯著牆壁看，試圖把自己藏起來，只想要虛度光陰。我聽見席爾一家人聚在廚房吃晚餐，我沒跟他們一起吃。太陽下山了，我躺在床墊上，打開日記本，寫了一封給怡菲的信。

二〇一〇年九月八日

我今天跟妳通電話，聽見妳聲音的那一刻，感覺一切的苦難終究會落幕，我無法形容那種感覺有多麼美好。那女的走進來，看見我在講電話，一把搶走手機，大喊大叫要那男的過來。他們把我拖進車裡，又取笑我說這輩子都別想離開這裡。我沒有自殺，唯一的原因是要寫這幾封信給妳，即使妳大概永遠也不會看見，我禱告再禱告。

我從沒想到會落到這種地步，爸媽不要我了，把監護權給那些人。怡菲，我知道自己只要再過三年就成年，可以離開這裡，可是覺得自己熬不過三年，似乎一定要自殺才能離開這裡。我的身體好虛弱，自從上次跟妳一起吃飯，到現在都沒吃東西。我在絕食，這樣他們不得不把我送到醫院，但現在他們可能不會送我到醫院了。

從今天開始，我決定連水也不喝，一定要想辦法盡快進醫院。怡菲，希望妳能看到我寫的信，願妳看到這些信的時候，我已經回到妳身邊。無論什麼時候，我覺得自己對妳的愛都會超過對別人的愛。祈求上帝帶我離開這裡。

我寫得正起勁，強尼毫無預警地打開房門闖進來，突然站在我面前，低頭看著我說：「站起來。」我停筆並把日記塞到枕頭下面，緩緩站在他面前。下一秒，他握緊拳頭朝我的肚子打下去，打得我痛到彎下腰，無法呼吸。

「這就是造反的下場，我們警告過妳了。」強尼發洩完怒氣後逕自離去，而我彎著腰倒在地上的床墊上，掙扎著呼吸，腦海浮現一個可怕的想法：「我會困在這裡很久。」

我在黑暗中躺著，完全不知道此時此刻，艾希利在維克多維爾拚命找我，她爸媽說我被送往猶他州南部的一間少年感化院。全美各地的許多爸媽，無論是否為摩門教徒，都會把桀驁不馴的孩子送到感化院管教，他們相信孩子在感化院住宿舍、穿制服，過著有紀律的生活，接受集體治療，日後一定會回歸正軌。那些孩子被送到感化院的原因很多，像是愛作亂、結交壞朋友、學校成績不及格、抽大麻等。

我後來才知道，原來緹安娜與強尼以前在聖喬治的少年感化院上班，這一帶的每個人，包括祖父母和當地摩門教大祭司在內，都認為他們是對付問題少年的權威。席爾夫妻自稱是輔導師或少年導師，其實做的事情比較像警衛，例如：拉開打成一團的院生，或是阻止院生自殺。他們沒接受過輔導諮商的正規教育，除了工作累積的經驗之外，沒受過其他訓練，卻拍胸脯保證能處理任何問題少年，包括像我這樣的同性戀少女。

當初媽媽打電話請教祖父母，問應該拿我怎麼辦？祖父母向強尼與緹安娜求救，夫婦倆保證會安排居家治療，絕對可以治癒我的毛病，採取的方法就是他們在感化院的那一套，而且每個月的收費比感化院便宜許多。然而，他們沒有經營治療機構的執照，沒有輔導諮商的背景，受過的教育也很少。爸媽顯然是太過急躁，才會相信這種人。

幸好，強尼與緹安娜不是荒野課程的導師，不然我的處境會更慘。所謂的荒野課程，就是把孩子帶到猶他州南部的沙漠，讓他們背著背包獨自在沙漠闖蕩，以矯正他們的不受管教，據說有不少孩子受不了曝曬而死亡。

我到現在還是相當不解，這怎麼可能解決問題？被自己的家人送進宿舍，被強尼和緹安娜這種人看守，怎麼可能會有幫助？也許他們認為無論是誰，只要在沙漠過著艱難孤獨的生活，都會被嚇乖。

像我家這樣的摩門教家庭肯定覺得，把無法管教的孩子送到摩門教大本營猶他州，便能有所改變，因為身邊的人信仰相同、想法也一致，會是一個好辦法。爸媽把我送到陌生人家中生活，是希望我「改邪歸正」後再回家，如此一來，全家可以裝作什麼事都沒發生，彷彿我沒告訴他們我是同性戀，他們也不曾把我送到陌生人家中。

在另一個時空，艾希利整理出猶他州南部所有感化院的名單，打電話詢問每一家，佯裝成我媽的聲音，說要馬上跟我說話。她從教會的網站下載聖喬治每個摩門教會的會眾名單，想找出祖父母參加的教會，但她到目前為止還沒有我的消息。

我躺在床墊上，不知道艾希利正在打聽我的下落，只覺得孤單到不行。想起從麥當勞回到這裡時，沿路經過許多充滿摩門氣息的家庭，每個社區都有自己的大教堂，每個人的信仰與觀念都一樣，堅信只要遵守救恩計畫，一切都會很順利。我想起爸媽、祖父母和席爾夫婦互相交流的場面，以及那些悲哀又心照不宣的微笑，我知道他們相信這麼做是為我好，一切都是為了讓我融入上帝的計畫。但我認為這個計畫沒有同性戀者的位置。

我又想起那天在麥當勞裡的人，他們大多生長於聖喬治。我看見那些外出吃午餐的父親，身穿星期天會穿去教堂的熨平白襯衫，也看到把頭髮剪得短短的摩門教母親，以及開心吃著快樂兒童餐的金髮小朋友。緹安娜把我拖回車裡時，那些摩門教徒就坐在原地，我尖叫喊救命，他們無動於衷，連頭也不抬，即使看見也不敢插手。大家都有個沉默的共識：只要沒人反對、沒人站出來，就表示沒問題。

過去，加州的摩門教徒會私下取笑猶他州的摩門教徒，因為摩門教徒在加州只佔少數中的少數，必須挺身而出捍衛自己，堅持走自己的路，並承受外界的抨擊。相反地，猶他州的摩門教徒生活在摩門教的大本營，因此格外保守、墨守成規，心甘情願當個信徒。

在那一刻，我仍堅守信仰，但無法接受猶他州的摩門教文化，在我最需要幫助時，竟然沒有人願意挺身而出、仗義直言。我知道自己會被困在這裡很久，而且這個城市沒有人會幫我。

8 上帝真的在意，我喜歡男生還是女生？

我第一次逃跑以失敗收場，隔天在屋子裡刻意低調。由於監護權的手續還沒完成，因此尚未到學校註冊，而且沒人告訴我，白天可以在席爾家做什麼。

我發現緹安娜在當地的少年感化院上晚班，收容的都是被爸媽送來的十幾歲少年，那些父母大概跟我爸媽一樣，覺得除此之外別無他途。緹安娜要在女生宿舍坐一整個晚上，看到有人打架就負責拉開，有人試圖自殺就趕快介入，每次回家都是一副氣呼呼、累垮的樣子，然後衝進房間、關門、打開電視、到床上睡覺。

強尼沒有固定工作，我很快就想出箇中原因，他教育程度低落，還有被逮捕的記錄，過去曾跟緹安娜一樣在少年感化院工作，卻不得不辭職，因為他有痛風，工作時腳會痛得很厲害。緹安娜值完夜班在房間補眠，強尼坐在沙發上打電動，而我待在房間裡感受時間的流逝，忍耐一波波飢餓與暈眩，照料手臂上被緹安娜拉拽、肚子上被強尼狠揍的痛處。時間過得很快，屋子除了偶然傳出電玩砲火聲，就是一片死寂。

到了下午，九月的沙漠熱氣不斷滲透進來。我躺在床墊上，聽見幾個比較年幼的孩子先放學回家，後來年紀比較大的孩子也先後回家。他們從前門走進來後扔下書包，打開冰箱看有什麼好吃的。我想起自己在加州的學校，算一算開學至今已經過了三天，不知道碧安娜和艾希利修了哪些課。我在腦海中想像，放學回家後練習大提琴。

我想念朋友們與拉大提琴，但最想念的還是爸媽，儘管埋怨他們還是非常想念，這種思念之痛遠甚於腹內的飢餓。

到了晚餐時間，奧莉維亞叫我去吃飯，緹安娜已經醒來了，並從烤箱拿出一盤雞肉，強尼和孩子們都圍坐在餐桌邊，我已經四天沒吃東西了。大家用餐完畢後，強尼叫所有人跟他一起到客廳，包括西法、凱文、維克多、約瑟夫、席歐，以及奧莉維亞，我和他們一起坐在地上。強尼與緹安娜坐在沙發上，四歲大的葛蕾絲窩在媽媽的大腿上。

強尼挺直身體往前傾，雙手放在膝蓋上，問所有的孩子：「你們知不知道艾莉克絲為什麼在這裡？」約瑟夫、維克多、席歐，還有奧莉維亞都舉起手。

「奧莉維亞，妳說。」

「因為她不乖。」

「對，那她哪裡不乖呢？」

約瑟夫高高舉起他的手說道：「她應該喜歡男生，可是她喜歡女生。」

我的臉漲紅、心跳加速、全身都動不了，這是頭一次有人講得這麼直接。強尼點頭說：「沒錯，你說得對，所以我們才要幫助她。」強尼說話的語氣讓我想起至今遇過的最爛主日學老師，表面上慈眉善目，骨子裡卻冷酷無情，帶有一種嚴酷而固執的態度。

強尼微笑著繼續說：「她需要在這裡住多久，就會在這裡住多久，也許是三個月，也許是三年。」他們真的能把我關這麼久嗎？爸媽真的會同意嗎？強尼盯著我說：「艾莉克絲，妳知不知道救恩計畫？」

我當然知道。畢竟我從小就上教堂，去教會也認真聽講，救恩計畫的意思是，今生開始之前，我們都在天堂與上帝一起生活，到人間的目的是從經驗中成長，學會做出選擇，並接受選擇的後果。我雖然個性固執，卻始終相信「從經驗中成長」的概念。

教會的人總說，耶穌的死亡是給我們懺悔的機會，夫婦只要是在摩門教堂結婚，而且做人夠正直，到了高榮國度就能與家人團聚。順帶一提，高榮國度是天堂的最高層級，也是上帝居住的地方。小時候教會的人常說，在摩門教堂結合的家庭很穩固，會永遠在一起。但是，媽媽先前有過一段婚姻，所以我不會跟任何人永遠在一起，而且沒有人能告訴我，我到天堂會跟誰在一起。

我心想：「我知道救恩計畫，根本不想聽你再說一次」，但只是淡淡地說：「知道。」強尼笑著說：「妳知道這個計畫沒有同性戀的份嗎？」我氣得兩頰漲紅。他接著說：「同性戀不能在摩門教堂結婚，也不能生孩子，在上帝的計畫中，不結婚生子就是罪人。」

摩門教這麼重視婚姻與家庭並非偶然，在教徒心目中，天堂的重點在於家庭。我想起蘋果谷的舊家，玄關桌上那棵寫著名字的木頭樹，樹枝上有我哥哥姐姐的名字，樹根上是爸媽的名字。我從沒認真思考過，同性戀在上帝的計畫中能扮演什麼角色。摩門教把同性戀視為滔天大罪，強烈反對同性婚姻。無論是什麼人、在什麼地方結婚，只要是同性婚姻，摩門教就完全不會接受。

強尼問：「同性戀無法在摩門教堂結婚，將來怎麼到高榮國度與家人團聚？妳會淪落到低榮國度。」順帶一提，低榮國度就是摩門教的地獄。我感覺到約瑟夫、維克多、席歐，還有奧莉維亞都盯著我。我想抬頭望向西法，看他願不願意助我一臂之力，但最後還是維持低頭姿勢。

強尼步步進逼地說：「妳做了不好的選擇，以為自己是同性戀，但這不是上帝的意思。妳只是沒想清楚，我們會幫忙，所以爸媽才把妳送到這裡。」我一語不發。

他繼續說：「妳爸媽都是好人，將來會升上高榮國度。妳除非改變，不然不可能升上高榮國度。不過，即使妳選擇當同性戀而淪落到低榮國度，上帝也不希望妳的家人無法與妳團聚，所以會有個複製版本跟他們在一起，但那不是真正的妳。」

強尼對同性戀者的言論跟我在教會聽到的一樣，但這輩子還沒聽過這麼荒謬的說法：「上帝會製造小孩的複製品，讓高榮國度的父母不必承受思親之苦。」我很清楚這種說法相當可笑，也是從此時開始發現，強尼對上帝的理解非常扭曲。

他問我：「艾莉克絲，妳難道希望家人都在高榮國度，只有妳被擋在門外？」我繼續看著地面不發一語，等待說教結束，內心怒火中燒。他接著說：「我們要引導妳過著守規矩的生活，準備組織自己的家庭。做法很簡單，妳每天早上起床後要張羅孩子們上學，還必須做家事和做飯。然後，我們每天早上會跟西法、凱文共四人進行團體課程，一起讀經、討論怎麼做出正確的選擇。晚上全家人一起禱告，妳還要自己禱告、讀經。最後，每個星期天都要上教堂。」

我坐在客廳地板上，思索著強尼與緹安娜對我的期待。他們要我做家事、參加團體讀經，做個更虔誠的教徒，這樣我就會改變了嗎？就能「治癒」我這個同性戀嗎？這怎麼可能？我被關在猶他州的屋子裡，跟怡菲還有家人朋友相隔千萬里，而且不准上學、不被允許穿自己的衣服、不能拉大提琴，甚至被羞辱暴打，這怎麼可能治好我的「毛病」？我覺得一切完全沒道理，荒唐到極點。

一陣飢餓造成的暈眩襲來，暈眩到極點便燃燒出熊熊怒火，我可以感覺到力氣又漸漸升高。**我告訴自己一定要想辦法離開這裡，一定要逃出去，絕對會有辦法，我比這些人聰明，肯定會找到辦法**。

我整個禮拜五都在思考如何回家，席爾家的房子位在城市邊緣，後方是浩瀚的沙漠與紅岩峽谷，但我沒有地圖，只依稀記得席爾家跟市區之間隔著好幾條尋常社區，裡頭住著許多摩門教居民，而且都認識強尼與緹安娜，因為大家都上同個教會。我再次想起強尼說的話：「我們認識這裡的每個人，包括警察、學校，還有法院，他們都知道我們收留有問題的孩子，妳覺得他們會相信我們，還是相信妳？」

當我在麥當勞尖叫求救卻沒人理會，就明白這裡的人不會沾惹麻煩事，更不會拔刀相助，各人自掃門前雪是這裡的文化，凡事只要不帶任何質疑，照上帝的計畫走就對了，而像我這種人就該當個隱形人。我想起從小認識的那些摩門教徒，大家總是團結在一起，認為所有解答都掌握在自己手裡，碰到解決不了的難題就轉過頭去。我心想，若想在這裡找到人幫忙，也許應該找非摩門教徒。

緹安娜下班回家後打開冰箱，發現家裡需要採買，不然晚餐沒東西吃，於是與強尼爭執誰該出門買東西。我認為這是個千載難逢的好機會，接著撕下日記的一頁當作求救字條，附上姓名和爸媽的電話，塞進口袋裡。

我打開臥室的門，走進廚房說：「我可以幫忙買晚餐的食材。」既然他們認為我住在這裡必須做家事，看到我願意配合應該會很高興。強尼從廚房櫃裡拿出鑰匙：「妳跟我來，一切照我的話做。」

我們到了超市，強尼要求一定要有一隻手擺在推車上，我跟他走過一條條走道，把拉麵、瓶裝牛奶、大包的起司絲與自有品牌穀片放進手推車裡。我的手始終握著推車邊緣，但眼睛環顧著店內四周，尋找看起來不像摩門教徒，比較可能伸出援手的人。

到了收銀檯，旁邊的排隊隊伍中有個留著短髮的女人，她的氣色紅潤，臉頰曬得黑黑皺皺，雙耳掛著奇特的貝殼耳環，最重要的是，她穿著背心式上衣。摩門教徒外出不能同時穿著背心式上衣跟「加門」，加門是摩門教徒神聖的內衣，每個成年的摩門教徒在接受教儀後，都要穿著加門。接下來，我看看她買的東西，想找出另一個不屬於摩門教徒的東西，例如啤酒。不過，光是那件背心式上衣就足以證明她不是摩門教徒。

我一隻手放在推車上，趁強尼轉身的時候，從口袋掏出字條交給那位女士。她好像有點嚇到，滿臉都是疑問，我默默乞求：**拜託，拜託，拜託救救我**。她定睛望著我的雙眼，開始打開字條，我一心祈禱：**快點，拜託救救我**。強尼轉過身來，看見那張字條，他站在我跟那位女士之間，直接搶走她手裡的字條，她也就讓他搶走。我繼續祈禱：**拜託，拜託，拜託，千萬不要**。

強尼看了看字條放聲大笑：「太好笑了。」接著面向隊伍中的那位女士說：「這只是笑話而已。」那位女士沒有回應，也許是被強尼的笑聲或體型嚇得不敢問。沒過多久輪到她結帳，便把要買的東西逐一放上收銀櫃檯的輸送帶，沒有對我說一句話。我的心跌落谷底。

我們結帳完後，強尼推著推車到停車場，我仍握著推車邊緣，準備迎接之後的災難。他打開車門叫我坐進後座，我只能照做。接下來，他挺直身體，抽出褲子上的皮帶。一台台的車子來了又走，一個個家庭來來去去，孩子們跟爸媽在停車場跑來跑去。強尼一鞭一鞭抽下來，我眼角餘光可以看見那些人，但他們好像都看不見我。沒有一個人說話，強尼沒說話，我也沒有。在那一刻，我完全失去鬥志，也許是因為飢餓，也許是錯過逃跑的機會，也許是發現即便非摩門教徒，也沒有人會幫我。

一陣鞭打過後，我整個人蜷縮在後座，強尼把其餘雜貨放在我腳邊，關上車門，坐上駕駛座。一路上我們都沒開口說話，車子開進席爾家的停車場，我幫忙把一包包東西拿進屋裡，緹安娜對我說：「我們一起做晚餐。」

她煮了一大鍋開水，把拉麵丟進去，我站在爐邊凝視著沸騰的水，感受蒸氣噴向我的臉。等麵條變軟，緹安娜把麵條撈出來，再教我怎麼炸麵條。我和孩子們一起坐在桌邊，緹安娜一語不發，把炸麵條放在我的盤子上。

「妳會在這裡待上三個月，還是三年，全看妳自己。我們認識這裡的每個人，妳覺得他們會相信我們，還是相信妳？」強尼說的話又在我腦中響起，我被他打得很痛，真的恨死他了。看樣子，我要很久以後才能離開這裡，如果能離開的話。

我拿起叉子，把充滿奶油的麵條送到嘴邊，感受到身體渴望能吸收又鹹又美味的麵條，但與此同時，一陣陣憤怒與哀傷也在體內流竄，吃東西等於又輸了一次，我的計策沒有一個成功。這種被打敗的感覺令人厭惡，我知道自己需要一個新的計畫。

緹安娜說：「艾莉克西，這就對了。」每次她跟強尼想表現出一副關愛我的樣子，就會叫我「艾莉克西」。她大多時候都對我都很刻薄，偶爾又會把我當成女兒一樣關愛，我覺得很奇怪。她把手放在我的肩膀上，我的直覺反應竟然是想猛然抽身，但還是強迫自己坐著不動，繼續咀嚼口中的食物。強尼是我逃跑的最大阻礙，他似乎能預料我的一舉一動，如果打算逃跑，他似乎會比任何人先知道。但是，我說不定能利用緹安娜矛盾的情緒，在她的憤怒與疲憊之間、堅強表面與寂寞內心之間，找到一些空隙，從中創造逃跑的機會。

那天晚上，我躺在床墊上，思緒飄到怡菲身上，試圖尋求慰藉。我想像她的面孔、深色的長髮，以及她開著紅色吉普車，長髮隨風飄動的模樣。不知道她現在是否還在圖森市照顧祖父母，或者已經回到維克多維爾。她想念我嗎？擔心我嗎？好希望此刻被她的雙臂環抱。

我想起過去那些午後的悠閒時光，艾希利、碧安娜還有我懶洋洋地窩在沙發上說笑。我又想起爸媽，媽媽上次擁抱我是多久以前的事了？距離他們把我送到這裡，已經過了五天。

從他們把我趕出家門，至今已將近十八天。最後，我甚至想起緹安娜把手搭在我肩上，寂寥漸漸湧上心頭，我便在此情緒中沉沉睡去。

二〇一〇年九月十一日　星期六

親愛的怡菲：

我昨晚夢見妳帶我離開這裡，我知道自己會困在這裡很久，也知道妳可能愛上別人。怡菲，妳對我來說重於一切，希望妳能快樂。

昨天晚上那男的帶我去超市，我在口袋裡偷藏一張字條，上面寫著這些人都是壞人，拜託打電話通知我爸媽，也寫了名字和爸媽的電話。我把字條拿給一個看起來不像摩門教徒的女人，但被那男的看見了，他笑著說一切都是笑話，並把字條拿走。接著他帶我到外面去，叫我坐進車子，還把車門鎖起來。我一直祈禱希望不會有事，結果他拿皮帶抽我。

二〇一〇年九月十二日　星期日

怡菲：

今天是星期天，那男的把我叫醒，我起床後準備換衣服，那男的還站在那裡不動，我想繞過他走去浴室，他偏不讓我過去，要我現在就換衣服。我拜託他把門關上到外面去等，但他只是在一旁大笑，我只好以最快的速度穿好衣服，他等我換好後才離去。我哭了又哭，可是哭也沒用。寶貝，我好怕接下來會發生的事。

我的祖父母也會去教堂，但不能跟他們說話，我祈求上帝給我們機會。我為妳的祖父母禱告，希望他們一切安好，也為妳禱告，希望妳平安、身體健康。

我愛妳，怡菲。

我一整天都在心中奮戰，思緒衝撞著房子的牆壁，飛到外面的世界，想像著愛人的面容與聲音，還有家裡床單的觸感。我向上帝說話，但不是按照席爾夫婦的意思，而是以自己還是小女孩時，就會採取的私密方式。

從小便有人告訴我，只要禱告上帝就一定會回答，我是同性戀還是異性戀，會影響到上帝回答的意願嗎？上帝真的在意我喜歡男生還是女生嗎？上帝願意聽我祈禱嗎？個性固執的我始終相信，上帝凌駕於這些問題之上。

在煎熬的時刻，我只是不斷禱告，緊緊抓住席爾夫婦沒有拿走，也不可能拿走的一切，那就是我的心靈與精神。但我的身體知道，自己必須正常過日子、假裝配合，漸漸摸索出逃脫的辦法，否則恐怕會先沒命。我很清楚地知道，自己一定要活下去。

9 我的天性，真的是需要治癒的疾病嗎？

席爾家的一天從維克多推我肩膀、把我叫醒開始。我要是與他目光交會，他會面無表情地轉過頭去，我看不出他究竟是難過、恐懼、內疚還是漠然。接下來，我會到浴室洗澡、換上「制服」，也就是長裙搭配特大號的二手T恤。梳洗完畢後便到廚房做早餐，順道準備年幼孩子的午餐。早餐通常是超市的食物，或是教會「大祭司倉庫」的大包裝麥片。

孩子們上學後，家裡就剩下我、強尼、西法還有凱文。每天早上十點，強尼會召集我們參加聚會，他一個人坐在沙發上搓揉疼痛的雙腳，我和其他人則坐在地上。流程是先開始禱告再朗讀經書，他通常會朗讀《摩爾門經》的〈尼腓一書〉與〈尼腓二書〉前面幾章，解釋其中涵義，再問幾個問題，確認我們是否理解經文要表達的內容。

某天，強尼朗讀：「世人可藉著全人類的偉大中保，自行選擇自由和永生，或順著魔鬼的束縛和力量，選擇束縛和死亡，因為魔鬼意圖使所有的人都像他一樣悲慘。」他為了加強語氣而停頓，並再唸一遍：「自行選擇永生，或者束縛和死亡。因為魔鬼希望你們悲慘。」

他放下經書，在沙發上挪動一下身體說：「天父賜予每個人自行選擇的力量，這也是救恩計畫的一部分，你可以選擇按照上帝的計畫，也可選擇束縛和死亡，就是這麼簡單。」他一邊輪流凝視我們每個人，一邊說：「你們可以選擇不去改掉那些毛病，繼續待在這裡，也可以選擇服從與幸福。」接下來，他會問每個人問題，存心用那些問題給我們難堪，直到問完一圈為止。

有一次，凱文想買車票回加州，卻不幸被抓到，強尼便開始一天到晚對他說教，要他為自己的處境負責，而不是逃避問題。我認為凱文的問題源自於過去在加州被霸凌，但強尼卻老是質問：「你是同性戀嗎？」他這樣問純粹是要欺壓、羞辱凱文，而凱文每次都被攻擊到無力招架，應該說支離破碎。輪到問我問題時，強尼則會搬出慣用的問話模式。

「艾莉克絲，妳覺得自己為什麼在這裡？」

「因為我是同性戀。」

「妳知不知道為什麼同性戀是錯的？」

「因為救恩計畫中不包括同性戀。」

「艾莉克絲，我們會幫助妳成為救恩計畫的一份子。妳要禱告、讀經，並且學會打掃、做飯給我們吃，這樣才能嫁給返鄉的傳教士，組織自己的家庭。」

到了聚會尾聲，強尼會叫我們低頭祈禱，並說：「親愛的天父，請幫助這些孩子，感謝祢將他們帶到我們家。」禱告結束後，他繼續玩《決勝時刻》或是《勁爆美式足球》。

聚會結束後，我會做每個禮拜從另類學校❼拿來的家庭作業，晚上則是幫席爾家做飯、打掃。這就是他們把我從同性戀轉化成異性戀的招數：禱告、讀經、在家自學、聚會、做家事，以及隔絕我與我的愛人。強尼有時候會追問我怡菲住在哪裡、年紀多大、電話號碼等，我什麼也不肯說。這時強尼常搬出西法這個最佳榜樣：「西法以前是個很壞的孩子，但現在不是了。」西法總是回答：「都是你們的功勞。」光從他的說話語氣，實在聽不出來是真心感激席爾家，還是很慶幸現在沒人煩他。

下午，我和凱文、西法總是不太自在地晃蕩。當我打掃完廚房或廁所，會跟他們在廚房餐桌玩撲克牌。凱文為了不被強尼盯上，總是刻意低調，西法則努力討好大家，保持氣氛融洽，一有機會就跟葛蕾絲玩，或是展現他甜美的男高音歌喉高歌，唱的通常是摩門教的讚美

❼ alternative school，具有非傳統課程和方法的教育機構，大多具有強烈的政治、學術或哲學傾向，對主流或傳統教育中某些部分感到不滿的教師和學生，也會選擇創組另類教育。

詩。有時我會寫日記或看書，席爾家的書架擺著好幾排百科全書、強尼愛看的犯罪小說，還有教會出版的書。我拿了一本約瑟・斯密❽的傳記，用來打發漫長的下午。

孩子們放學回家後，奧莉維亞與葛蕾絲通常在後院或房間裡玩耍，男孩子則跟強尼一起在客廳打電動。強尼的雙腳總因為痛風而疼痛，他習慣吃止痛藥，或是叫家裡的男生幫他揉腳，一揉就揉好幾個鐘頭。他還會喝一種叫卡瓦酒的傳統飲料，並教我如何製作，做法很簡單，首先從儲藏室中拿出卡瓦樹根粉，接著將其塞進尼龍襪子中，再把它放入裝滿水的大塑膠桶中，然後用力踩踏、擠壓。西法與凱文曾告訴我說喝這個會酒醉，像強尼那樣天天喝、一整個下午都在喝，想必是嗨翻天了。

緹安娜通常在晚餐時間左右起床，但準備晚餐是我的工作。我按照緹安娜的方法，把大包裝雞肉灑在烤盤上再放進烤箱，此外也向她學了許多料理拉麵的方式，例如：油炸、燉煮，或是搭配罐裝肉醬與美乃滋。順帶一提，席爾家一個月大概用完兩大罐美乃滋。冰箱裡偶爾有蘋果、柳橙、紅蘿蔔等蔬菜水果，但緹安娜說蔬菜水果很貴，要我別拿給孩子們吃。

每個星期一晚上是大家聚在廚房的「家庭之夜」，我自己的家也有這個習慣，聚會中討論教會學習手冊上的主題，例如誠實、浸禮，或是遵守安息日等。接下來則是玩遊戲與吃點心的時間。

到了晚上，強尼有時候會沉迷於美式足球和ＮＢＡ球賽，不理會緹安娜，有時候則對著她大吼大叫，在客廳亂丟東西，他只要覺得自己被當成蠢蛋，就會大發雷霆。還好緹安娜知道怎麼安撫他，她會帶著疲憊夾雜著愛戀的表情，與強尼一起走進房間，然後整個屋子便會回歸寧靜。

不過，強尼若覺得無聊，或是幾個男生發生爭執，便會叫凱文、西法及維克多到車庫打架。首先發給他們拳擊手套，再推開裝著足球以及其他運動器材的超大收納箱，清理出一個空地，命令那些男生說：「開打，給我用力打，不然我就要親自出馬。」他們一開打，感覺就要打到天荒地老。結束後，強尼總是非常亢奮，三個男生則一副又累又受辱的樣子，西法跟凱文會一聲不吭地直接回到房間。我親身體驗過強尼的拳頭，總替他們感到難過，同時慶幸自己沒被逼著打架。

每逢星期天，我們要到附近的摩門教堂進行三小時的聚會。祖父母跟席爾家參加同個教會，我本來非常期待見面，但他們即使坐在我們後兩排，卻連看都沒看我一眼，我回頭望的時候，他們只裝作沒看見。聚會結束後，他們便去參加主日學課程，沒有找我搭訕或擁抱。他們大概跟席爾夫婦有默契，擔心和我相處會影響療效。

---

❽ 約瑟・斯密（Joseph Smith）是摩門教的創始人，二十四歲時出版《摩爾門經》。

大家都認為我應該當個隱形人，但我實在想不通，祖父母怎麼能假裝我不存在？怎麼能不跟自己的親生孫女打招呼？我想破頭也不懂，爸媽怎麼會認為把我丟給陌生人、跟我避不見面，就會對我有幫助，甚至治癒我的同性戀傾向。不過，這些疑問都比不過令我最難受的心痛，當時還不知如何形容這種感覺，但現在的我知道，那時自己多麼渴求與熟悉的人事物有所連繫，希望能尋求某種寬慰，想要有人叫我的名字、給我一個擁抱。每個人都需要這樣的關愛，人生才不會支離破碎。

摩門總會大會期間的星期天，各地的摩門教徒不用上教堂，而是在家收看摩門教領袖於鹽湖城的演說。加州是收看有線電視，猶他州則可在免費頻道觀看。一開始轉播總會大會，感覺世界都靜止了，強尼與緹安娜叫孩子坐在沙發上看轉播，我和凱文、西法則坐在地上，仰望領袖的面孔。螢幕上的男人個個身穿深色西裝、打領帶，全是七、八十歲的人。

總會大會的演說我聽過許多次，每次的內容不外乎基本的道理，例如：要禱告、遵守戒律、繳納什一奉獻❾、為教會服務。我有一搭沒一搭地聽著，但還是試圖了解個大概，以免強尼跟緹安娜問我。當一位叫作博伊德·帕克（BoydK. Packer）的教會領袖站上講道壇，我發覺自己的注意力開始集中，他說：「這世界太混亂危險，年輕人簡直不知道該往哪個方向走。」他接著開始討論兩種危險，分別是色情與同性戀。

教會的人說起同性戀話題，通常有兩種傾向，一種是把同性戀比喻成像酗酒一樣的殘疾或疾病，今生必須要通過勇氣與服從的考驗才能戒斷。另一種則是強調，同性戀是個人選擇，只要努力就能改變或治癒。

帕克說：「有些人認為同性戀是先天注定，天生就會有那些骯髒、不正常的傾向，而且無法抗拒，但絕不是這樣！天父怎麼可能這樣對待一個人？要記住，天父是我們的父親。」簡單來說，帕克認為上帝絕不會把任何人創造成同性戀，席爾夫婦似乎也這麼想，他們覺得我不是天生喜歡女生，而是被大腦欺騙或存心叛逆。但我覺得並不是這樣。

他接著說：「那些困在罪惡、墮落牢籠的靈魂，都有一把大門的鑰匙，這把鑰匙叫作懺悔。如果你被不良習慣驅使，就一定要戒除有害的行為，天使會引導你，大祭司會帶領你走過艱難的階段。」

焦慮纏繞在心頭，我知道爸媽、祖父母和席爾夫婦都在聽這段演說，我身邊的每個人，以及這帶的每一家人，都在聽他說話。大家都認為同性戀是種可以治癒，也應該治癒的疾病，而席爾夫婦就是專治這種病的專家。我又想起強尼對我說的話：「妳覺得他們會相信我們，還是相信妳？妳會在這裡待上三個月還是三年，全看妳自己。」恐慌再度席捲我的心。

---

❾ 意指宗教奉獻，起源於亞伯拉罕奉獻其所得的十分之一。

10

每天從早到晚，肩負裝滿石頭的背包

二〇一〇年十月十五日 星期五

我的怒氣消失了，取而代之的是空虛，高興不起來也難過不起來，只是純粹活著而已，好像所有情緒都消失不見，剩下空蕩蕩的軀殼。我本來期待能回歸正常的自己，能做回認識怡菲以前的自己，但我現在知道，一切再也回不去了。

我認識怡菲之前只愛自己，但如今我會為她哭，感受到從未想過的痛苦，並享受原以為永遠無法感受到的快樂。一旦能感受到那種痛苦、快樂、愛和信任，看待所有事情的角度便會完全改變。

也許這是我必須完成的人生篇章，而且是個好篇章。我可能必須在這裡念完高中，但實在不知道該怎麼想，該有什麼樣的感覺，該怎麼辦才好。

我不太確定星期天能否跟爸媽通話，如果真的能講電話，我要對他們說：「我愛你。」也許這樣說能讓處境好轉。

在這一頁日記的最下方，我畫了一個肩膀斜斜的女生，她的臉被又捲又蓬鬆的頭髮遮住。我在她旁邊畫了幾個螺旋、一堆珠寶，還有一個大圓圈，中間寫了「開始」兩個字，另外又重重地畫下低音譜號和五線譜線條，我的手指深深思念著大提琴。接著又在這頁的一側畫出藤蔓，並在藤蔓之間寫下：「再也回不去了。」

我在席爾家做的事不外乎小組聚會、做家事、在家自學，還有經文討論，可以感覺到自己確實有所改變，但那些藥方似乎不如想像中有效。十一月的某天，緹安娜下班回家後，跟往常一樣疲累，卻好像找到解決方法，能消除壓在她心頭上問題。

強尼、西法、凱文和我坐在客廳舉行小組聚會，緹安娜走過客廳時喃喃自語地說：「好，我知道該怎麼辦了。」她走進臥室，從衣櫃拿出黑色尼龍背包放在廚房櫃臺上，又打開廚房通往後院的門，拿了一些灰色石頭回來，每一顆都相當圓滑，就是園藝店常見的裝飾用石頭。她在我們的注視之下，將五、六顆石頭放進背包，再把拉鍊拉上，叫我過去。

緹安娜挺直肩膀，將一隻手放在背包上，深深吐出一口氣說：「艾莉克絲，以後妳要一直背著這個，這代表同性戀肩負的重擔，妳選擇當個同性戀，心靈和情緒就要承受這個包袱。妳以後每天都要背著這個，才能感受到負擔有多重，妳一直忽視自己的感受，這個背包會讓妳感覺到自己的情緒。」

我拿起背包，感受石頭壓在肩頭的重量，緹安娜繼續說：「妳每天從起床到晚上睡覺，都要背這個背包，這樣你就會知道，選擇當同性戀有多麼沉重。當然，妳可以選擇當同性戀，但救恩計畫沒有同性戀的位置。艾莉克絲，這個背包很重，妳要知道這個負擔多沉重，才會做出正確的選擇。」我望著背包，仔細看了一下背包的背帶，以及隔著布料露出的石頭形狀，簡直不敢相信緹安娜說的話。我要每天背著這個背包？它代表身為同性戀的重擔？她到底是在講哪一國語言。

從那天開始，我就背著背包幫孩子做晚餐、打掃廚房，再到浴室洗澡。我關上浴室的門，把背包放在地墊上，吐了一口氣後脫掉T恤，從鏡中清楚看到肩上留下粉紅色痕跡，我站在蓮蓬頭下對自己說：「還好，我還受得了！」。

隔天，我一邊張羅孩子們上學，一邊努力適應背帶壓在肩上的重量。小組聚會在十點左右結束，我覺得肩胛骨四周的肌肉非常緊繃。剛開始，只要把背包放下來，再脫掉特大號T恤深深吐一口氣，就能緩解緊繃的感覺，如果再盡量挺直肩膀，搭配手指按摩，便能有效放鬆肌肉。但過了幾天後，粉紅色的痕跡變成紫紅色，肩膀的緊繃感也惡化成一種無法緩解、揮之不去的緊縮。即使晚上躺下來睡覺，不適的感覺也無法消退。我躺在床墊上，感覺身體為了適應背包的重量而改變，其中一邊的肩胛骨漸漸比另一邊高。

在此同時，強尼繼續逼問關於怡菲的事情，我一個字也不肯透露，他便叫凱文與西法拿石頭裝進背包，並且特別強調：「一定要拿顆大的，不然你們也都給我去背背包。」他們不想招惹強尼，只好默默配合，我也不能怪他們。

某天晚餐結束後，緹安娜問我肩膀會不會痛，我雖然不想讓她知道真實感受，但還是承認疼痛。她招手叫我過去坐在餐桌旁，並說：「坐下來，我們要寫信給妳爸媽。」

緹安娜從餐桌的抽屜翻出一隻筆和白紙，又在我身旁坐下：「妳照著我唸的寫。親愛的爸媽，謝謝你們把我送到這裡，我現在知道自己其實不是同性戀，那時候是在嗑藥。」我聽到這裡停下筆，低頭凝視桌子，怒火從心中竄升到喉嚨，她說：「妳把信寫完，我就從背包裡拿出一顆石頭。」緹安娜繼續唸：「我現在的心靈漸漸受到淨化，過程很不容易，但我一直在努力，他們也在幫助我。」我放任自己的手寫出這些字，真是難堪至極，竟然要向強尼與緹安娜低頭，被他們增減石頭的把戲整垮，但我還能去哪？我被困在離家很遠的陌生人家中，每天背著石頭，而且無處可逃。

在開始背著背包一星期後，某天晚上緹安娜帶我一起去感化院上班，車子沿著紅岩山脈下的長路抵達目的地。感化院的建築物附近，可見到綠色草坪與灰水泥地，四周有鋼絲網包圍，這一帶有許多倉庫與辦公大樓，過個路口就是十五號州際公路。我們正好趕上感化院那天的最後一個活動，也就是晚間聚會。活動結束後，大家回宿舍睡覺，緹安娜的職責是管理晚間聚會，並坐在宿舍的椅子上看守一整晚。

走進感化院，我隱約覺得有些恐懼，簡直不敢相信自己的眼睛。這裡也有一些女生背著背包，吃力地在走廊上集合，準備展開晚間聚會。我背著背包走路時，裡面的石頭會撞來撞去，咚咚作響，她們的背包和我的一樣沉重，但不會硬梆梆頂著背部，因為裡面裝的是沙子。我內心充滿疑問，這是要讓她們感受到什麼東西的重擔？她們在這裡做什麼？她們和我一樣是同性戀嗎？

有個女生從我身邊走過，準備去參加聚會，她頭上戴著一頂像單車安全帽的裝置，下面用金屬線吊著一面鏡子，正對著她的眼睛。也就是說，她必須整天看著自己的眼睛。我完全可以想像得到，發明這種「療法」的人是怎麼解釋這個行為，想必是叫她每天照鏡子看自己的模樣，這樣就會明白自己的選擇是多麼痛苦。想到這裡，我的頭感到一陣暈眩。**這絕對是錯的，不曉得她們的父母知不知道**。緹安娜坐在我旁邊觀看晚間聚會，我發現她用在我身上的那一套，原來是模仿感化院施行的手段：把我跟家人隔絕、拿走所有個人用品、強制參加聚會、逼迫背上裝有石頭的背包。

席爾家打著摩門教的招牌，號稱能治癒同性戀，剛好我的父母和祖父母也是摩門教徒，在他們的觀念裡，我一定是哪邊有問題，但最後終究可以被改變，因為教會領袖這麼說。我知道這是錯誤的，但仍然被囚禁。我不禁心想，以前跟碧安娜、艾希利跑到洛杉磯去作怪，每次都能逃過處罰。現在被關在這裡是報應，該是還債的時刻，我永遠都出不去了。

現在回想起來，實在很難說清楚那時的感受。每天從起床到上床睡覺，生活都被背包所帶來的疼痛給佔據。強尼和緹安娜規定我做完家事就可以去睡覺，因此最早晚上八點就能就寢。我每天都期盼八點趕快降臨，這樣就能躲進浴室、放下背包，讓溫水流過緊繃疼痛的肩部肌肉，然後躺上床墊假裝入睡，直到真的睡著為止。

然而，身體的感覺其實只是痛苦的一小部分，真正令人心痛的是精神上的空洞。爸媽剛把我留在這裡時，我非常生氣，鐵了心要逃離，後來寂寞漸漸佔據內心，每天想念怡菲、爸媽、艾希利與碧安娜，希望可以和這些人一起說笑。我想知道自己現在的位置，也想念每天去上學的規律生活，或是在朋友家吃著剛出爐的餅乾和熱騰騰的普普薩。想著想著，我覺得自己好迷茫、好孤單。

一週週過去，寂寞變得越來越具體，也漸漸接受自己無法逃離席爾家的事實，而且開始覺得我在自己的人生中扮演一個陌生人。有時候，甚至可以感受到在內心深處，自己的一部分逐漸離我遠去，飄到沒人能看見或觸碰到的地方，但有些時候，內心的某個部分想努力游上水面呼吸，渴望人與人之間正常接觸的感覺，比方說擁抱或拍拍肩膀。

大多數的日子，我只是完成每天的例行公事，心裡悲傷到幾乎完全麻木，只能依照席爾夫婦的規矩過日子，盡可能去理解那些規則，想辦法活下來。

11

除了自己，世上沒人會主動解救我

十一月底，白天開始變短，天氣越來越冷，我在席爾家住了快三個月。剛來的時候，夏末的沙漠熱氣還在發威，溫度維持在華氏八、九十幾度（約攝氏二十七至三十二度）。但我如今經常在半夜被冷醒，席爾家的人沒開暖氣，地墊上只鋪了一條薄薄的毯子，冷空氣會侵入我緊繃的肩頸肌肉，擴散到肩胛骨四周。

於是，我開始多穿幾層衣服，不只抵禦寒冷，也能緩解背包帶來的疼痛。每天我早上洗好澡，立刻穿上好幾件特大號T恤和長袖運動衫，再背上背包去準備早餐與午餐。在比較寒冷的天氣，我一逮到機會就多穿一件外套，但外套只能減輕背包噬入皮膚的程度，無法緩解肌肉疼痛。

秋天代表足球季的到來，也是席爾家的大事。強尼以前當過足球教練的助理，席爾家的每個男生也從小參加足球少年聯賽。強尼每個禮拜都會帶著幾個男生到附近的高中看足球比賽。某個星期五晚上，他們也帶我一起去。

我在晚餐之後收拾好廚房，回房間換衣服出門，心想自己是不是要再試一次，該不該寫字條向人求救？但是強尼認識每位教練，也幾乎知道觀眾席上的每個人，他每個禮拜都跟這些人一起看足球，那些人真的願意出手相救或相信我說的話嗎？這個機率實在太渺茫，我光想到之後可能承擔的風險（再挨一頓打，或是背包裡多加一些石頭），就恐懼得退縮。但我一定要試試。

強尼在走廊上招呼孩子們上車，我感覺心跳越來越快，於是匆匆在日記本上寫下字條：「救救我，這些人腦袋不正常，爸媽不知道我受到的待遇，拜託幫忙報警。」我撕下這頁塞進口袋，跟著席爾家的孩子們一起上車。

這是我第一次到斯諾峽谷高中，一路上仔細看著窗外，努力畫出記憶中的地圖。只要沿著社區邊緣走，九或十分鐘的車程即可到達，道路的一側是紅色沙岩小丘，另一側則是一大片一大片的住家與教堂。路上可見綿延的大鼠尾草與金花矮灌木，中間不時穿插黑色的熔岩。當我們經過一大片熔岩，道路便開始向右方延伸，通往斯諾峽谷高中。

這個學校很大，建築物方方正正、極富現代感，外觀鑲著玻璃板與灰泥板，與四周的紅色沙岩非常相配。我們開車經過校園最北端的「美國未來農民會」大樓，以及「耶穌基督後期聖徒教會學院」大樓，這所學校的大多學生都在這裡參加教會聚會。順帶一提，斯諾峽谷這個地名以及斯諾峽谷高中，都是命名自洛倫佐・斯諾（Lorenzo Snow）。他是摩門教教會早期的先知之一，我記得以前在主日學課堂上，看過幾張他的照片，印象最深刻的是他長長的白鬍子。

足球場蓋在學校後方的峽谷之中，其中一邊是露天看台，另一邊是混凝土看台，強尼把車子停在看台後方，透過後視鏡看著我說：「妳可以把背包留在車上，但要緊跟著我。」車子停妥後，孩子們蜂擁而出，我依照強尼的話把背包拿下來放在後座，緊跟著他們一家人走過停車場，抵達觀眾席。一路上許多人跟他們打招呼，四周全是席爾家的朋友與鄰居，我知道如果想在這場球賽中找到救星，非得仔細盤算不可。

比賽開始了。強尼跟緹安娜看得很專注，場上一熱鬧起來，他們就站起來歡呼，幾個男生也效法爸爸。奧莉維亞跟葛蕾絲在足球場的階梯上玩耍，她們年紀太小，還看不懂足球。我花了一點時間仔細觀察人群，想找到可能會伸出援手的人。斯諾峽谷一帶的家庭，有許多人穿著金綠相間的斯諾峽谷勇士隊球衣，他們看起來都是尋常百姓，跟我之前在賣場求救時，停車場裡那些視若無睹的人一樣。無論強尼跟緹安娜說什麼，他們大概都會相信，並覺得我落到這步田地是活該。

不過，坐在附近的一家人吸引了我的目光，他們一家子講話大聲又逗趣，那位爸爸大笑的模樣讓我很有安全感，他個子高大、禿頭，身穿斯諾峽谷勇士隊的T恤，妻子在旁跟著丈夫一同歡笑，她五官柔美，有一頭金髮，旁邊坐著看起來還是小學生的女兒。

球賽上半場，我在一片喧囂中努力聆聽他們的對話，發現他們並不住在聖喬治，這次是來看姪子的球賽。當我得知這個訊息，再加上那位父親溫暖的笑容，心中燃起希望的火花。如果他們非本地人，說不定不認識席爾夫婦，也許會相信我需要救助。四周觀眾席上的人們聚精會神地注視球場上的每一次攻勢，強尼也不例外，但我知道他仍時時留意我的動靜。

第二節球賽結束後，球隊將短暫下場休息，此時許多觀眾會前往小攤販或洗手間，我認為在這一團混亂的時候，正是遞出字條的好時機。我的緊張情緒開始攀升，手緊緊握住外套口袋中的字條，但視線始終沒離開球場，每當球員開始新的一波進攻，耳邊皆會傳來觀眾的歡呼聲，但我始終透過眼角餘光，注視計分板上倒數的時鐘。

我內心不停想著：「要把字條拿給那個媽媽。」她坐在離我約三公尺遠的地方，我跟她之間還坐著一位男士，因此必須請這位男士幫忙把字條遞給金髮媽媽。

時鐘倒數結束，周遭的人紛紛起身，我深吸一口氣，把手伸進口袋，緊緊抓住字條，並轉向坐在旁邊的那位男士說：「麻煩你把這個拿給那位金髮太太好嗎？」他一臉詫異地看著我，臉上表情帶有一絲溫度與率真，接著一語不發地轉身敲敲金髮太太的肩膀，她轉過頭來與我四目交會。

我沒有發出聲音，只用嘴型對她說：「**救救我**。」人潮開始經過我們身邊，她仍然猶豫地看著我的雙眼，彷彿聽懂我的意思般點了點頭，默默將字條放進她的口袋。下一秒，強尼就站在我身後，逼問坐在我身旁的男士：「她剛才是不是拿什麼給你？」我默默在心中祈求：「拜託，拜託，拜託，拜託！」那位男士看著強尼，又轉過頭看我懇求的眼神，他對強尼說：「沒有。」

我沒有轉身面向強尼，等他走回男孩身邊，才總算能夠呼吸。我整個下半場幾乎都屏住呼吸，不斷望著那位金髮媽媽，她也一直回頭看我，流露出理解的眼神。我默默祈求她能做點什麼，例如過來問我叫什麼名字，為什麼會在這裡。我需要被人看見。

身穿海軍藍、綠色及金色球衣的斯諾峽谷勇士隊在場上爭搶，觀眾的叫聲起起伏伏。我在心中不斷祈求：「**拜託，拜託，拜託，拜託**」，但等了半天，一點動靜也沒有。那位太太即使看了字條，也不打算採取行動。時鐘倒數再一次結束，我最後一次轉身看身旁的金髮媽媽，期盼能與她目光交會，但她與家人已經離開觀眾席。

當天晚上，在我就寢之前，緹安娜與強尼來到我的房間。強尼說：「妳知道今天傳字條的對象是誰嗎？」我聽聞後心一沉，準備迎接之後的厄運。「那是泰勒弟兄的弟弟和弟媳。」泰勒弟兄全家都是摩門教徒，就住在這附近。

緹安娜說：「他們都跟我們說了，我們也跟他們說妳是誰，還有妳為什麼在這裡。」強尼跟緹安娜這次沒有怒吼，也沒有把我拖到車裡狠揍一頓。別人相信他們說的話，身邊沒有一個人相信我，沒有人聽見我說的話，沒有人看見我，我覺得自己已經被打敗了。

我只有在星期日下午可以跟爸媽講電話，而且旁邊一直都有人監視，通常是坐在廚房用緹安娜的手機通話，她就站在我面前。我告訴自己，到了感恩節一切就會不一樣，到時候爸媽會前來探望，我們得以在無人監視的情況下團聚。我每天都在倒數，想像媽媽溫柔地叫我的名字，輕輕擁我入懷並撫摸我的頭髮。我總是必須憑藉想像，才能熬過寒冷的夜晚、熬過每個必須做早餐的早晨、熬過裝滿石頭的背包重量、熬過強尼在小組聚會上說，上帝的計畫沒有同性戀的份。

感恩節當天，席爾一家到拉斯維加斯拜訪強尼的親戚，爸媽則是在感恩節當天抵達聖喬治。他們預計住在祖父母家，我可以跟他們小聚片刻，不必背著背包。星期五晚上九點，強尼與緹安娜把我送到祖父母家，當我準備踏出車外，強尼說：「別做蠢事。」緹安娜跟我一起走到門口。門開的那一刻，我簡直等不及衝入父母的懷抱，渴望他們的注視與擁抱，最重要的是能聽我說話。

媽媽用她修過指甲的手指握著一杯健怡可樂，爸爸則默默坐在她身邊。她微笑著說：「寶貝，告訴妳一個好消息，我們要搬來猶他州，以後就離妳更近了。」我聽聞後，感覺腳底下的地面都塌了：「拜託，千萬不要！他們家我實在待不下去了。」我感覺到媽媽的身體往後退，變得稍微僵硬一些。我與她之間的氣氛變了，沉默漸漸蔓延。

「艾莉克絲，我不會帶妳回加州。」

「為什麼？我求求妳好不好。」

「妳不能回去，妳要住在這裡，席爾家的人會照顧妳。」

「強尼說我要在這裡待到十八歲！」

「艾莉克絲，只要妳努力就不會是這樣。」

我猶豫了一下，決定告訴他們一切，希望取得他們的理解：「媽，他們打我，還逼我背一個裝滿石頭的背包。」我給他們一點時間消化我剛才說的話，又望著他們冷靜地再說了一次：「他們叫我一整天背著裝滿石頭的背包，那背包背起來會痛。」大家都沉默了，媽媽的目光沒有從我臉上挪開，視線沒有往下，臉上表情也沒有變化，她默默地說：

「寶貝，我們是不是不該在沒人監督的情況下，直接來探望妳？」

「妳要相信我，我說的都是實話。」

「艾莉克絲，我們也想相信妳，可是妳以前騙過我們。」

「強尼說我要在這裡待到十八歲。媽，我撐不下去了！」

說著說著，淚水滾落臉頰，我想把上衣拉低一些，讓他們看看背帶在我肩上留下的痕跡，或是拉著他們的手摸摸背後的硬塊，但一陣無助襲來，我整個人動彈不得。原本希望爸媽能看看我、聽我說話，結果卻是一場空。

爸爸什麼也沒說，起身走進廚房，談話就這麼結束了。我知道爸媽刻意拉開距離，用沉默來維繫表面上的和平，於是我也與他們保持距離，陷入悲傷、憤怒及痛苦的情緒中。看得出來爸媽不相信我，在他們眼裡我還是那個叛逆的孩子，蹺家太多次，不值得信賴。

接下來一個鐘頭，我們沒說幾句話，只能盡量吸收母親對我的關懷，然後再次前往席爾家。下車前我懇求爸媽：「拜託不要把剛才說的話告訴席爾家的人。」媽媽轉過來仔細看著我的臉，爸爸則是望著正前方車庫的門。媽媽說：「寶貝，我們愛妳。」這句話聽起來像道歉。

在爸媽和席爾夫婦眼裡，我說自己是同性戀、喜歡女生，不過是叛逆孩子的裝腔作勢，他們覺得怡菲把我帶壞，害我暈頭轉向。每天的小組聚會上，強尼日復一日地強調，一切都是因為怡菲的調教，她挑中並引誘我吸毒，強迫我和她亂搞。

席爾夫婦要我遠離怡菲，並全盤托出怡菲的一切，包括姓名、地址和實際年齡。如果他們發現怡菲跟我交往時年滿十八歲，現在已經十九歲，就會通知警方。而且，他們認為我承受背包帶來的痛楚就能遠離怡菲，接觸內心的真實感受。如此一來，便能回歸現實和上帝的計畫。

他們倒是說對了一件事，每天背著背包做事，確實接觸到內心的真實感受。背帶嵫入我的肩膀，一切被壓扁到只剩自己，讓我回想起過去在維克多維爾，跟朋友一起度過那些平淡乏味的日子，還有從事的那些膚淺娛樂。背包的重量讓我看見過去在教會學到的道理，以及救恩計畫的種種破綻。此外，也逼我仔細檢討以前種種叛逆行徑，我想起從前和朋友開車去洛杉磯、抽菸，害爸媽擔心，以及在家裡引發的種種爭端。毫無疑問地，我是個不乖的孩子，但我一向對爸媽誠實，也坦然接受處罰。

最重要的是，背著背包迫使我檢視對怡菲的感情。我每天都非常想念她，想知道她在哪裡，想像跟她重聚的美好場景，但這與怡菲無關，跟我自己有關。我對爸媽說自己喜歡女生，他們嚇得把我趕出家門，扔到一個沒人找得到、沒人相信我、所有人都把我當空氣的地方。除非我讓步，否則只能一直待在這裡。

父母認為一切全都是怡菲的錯，但我知道這是自己骨子裡不可分割的一部分。我是個不符合別人期待的女生，個性頑固又好奇心重，經常展現不合群的態度，對於別人的話不會照單全收，而且總是夢想能逃到城市。我的與眾不同讓我堅強，而我也需要這份力量陪我熬過接下來的幾個星期、幾個月。

二〇一〇年十二月三日　星期五

在昨天晚上的小組聚會上，緹安娜與強尼告訴我，下次爸媽來探望我時，他們會在一旁監視，避免我說他們的壞話。我好想念爸媽，再過十三天就能見到他們，就算有人監視還是很開心，即使難熬也要相信爸媽，而我確實很信任他們，堅信他們會做對的事，因為他們知道什麼是正確的。

緹安娜昨天說，她要讓我覺得自己很渺小。她辦不到的，我覺得自己的身高彷彿有五呎六吋（約一百七十公分），也不允許任何人讓我自卑。我要開心地過生活，不想垂頭喪氣過完一輩子。

緹安娜跟強尼大約睡到下午兩點，走出房間時看見水槽堆滿碗盤，當時我在客廳看書，緹安娜開始大吼大叫，說要取消跟爸媽的會面，我知道爸媽不會同意的。我之前跟媽媽說，強尼老是嚇唬我說必須在這裡待到十八歲，媽媽向我保證，感恩節這天絕對不會這樣，我相信她說的話。我現在背痛得半死。

雛菊很美卻很脆弱，抵禦不了大自然的衝擊。樹木就不一樣了，樹木很強壯，遇到再壞的天氣，也不會輕易被摧毀。我是一棵樹。

二〇一〇年十二月五日 星期日

我今天還得背著背包上教堂！他們又多加了幾顆石頭，重得要命，我的背痛得要死，現在只想跟爸媽說話。現在是晚上八點，真不敢相信自己竟然還沒跟爸媽說話，腦袋整個亂成一團。兩個禮拜前，我還在想關於兒童與人生的東西，現在滿腦子想的只有結束這一切，「死亡是場天大的冒險」。我很想知道死掉以後會怎樣，不曉得到底有沒有天堂，真希望有。

緹安娜跟強尼今天對我說，如果不想再背背包，就得告訴他們怡菲的全名、住址、生日，我寧願背著這個背包，也不希望怡菲去坐牢。現在九點了，我覺得應該不會接到電話，真是累翻了。

我在這一頁日記的最下面，畫了一間正在燃燒的屋子。

強尼跟緹安娜發現怡菲已經十九歲，於是變得更加生氣，我倒是覺得沒什麼大不了。在維克多維爾，很多高中生都跟剛畢業的人談戀愛，怡菲只是潘蜜拉的朋友之一。但是對於強尼與緹安娜來說，得知怡菲的歲數，等於坐實了他們的看法：怡菲調教我、佔我便宜、扭曲我的本性。現在只有報警這條路可以走。

我始終想保護怡菲，雖然在日記洩漏了她的名字，但我們墜入愛河真的是如此不堪的事嗎？把一切推到她身上當然很簡單。我被送到這裡來，是因為個人特質，因為喜歡女生。在席爾家的日子只是讓我更堅信這個感受，即使向警方舉報怡菲，也無法改變什麼。

想必緹安娜已察覺到我堅定的決心，因此經常展現出惱火或怨恨情緒，有時卻親切地摟著我，或是給我一個溫暖的擁抱，而我也欣然接受。雖然現在羞於承認，但那時候由於太寂寞、太渴望有人關注，真的需要這種擁抱，哪怕是她的擁抱。但我知道她並不喜歡我住他們家，誰會想為了錢收留問題少女？一切都是因為強尼失業，一家重擔落在她的肩上，實在別無選擇，所以有時候會拿我出氣。

那是星期三的早晨，平常下班就直接回房間睡覺的緹安娜，反常地走進廚房，宣佈她的另一個計畫。那時我坐在廚房跟西法一起玩牌，打發小組聚會結束後到午餐之間的時間。她站在桌子的前端，眼神充滿倦意地說：「艾莉克絲，妳以前想逃跑，現在又隱瞞怡菲的事情，我看不如這樣，除非妳告訴我們怡菲的姓氏和住址，否則妳不但要整天背著背包……」

緹安娜說到這裡暫時打住，從廚房走到走廊，把手放在牆壁上說：「妳要背著裝滿石頭的背包，面向牆壁站著，從早餐時間一直站到晚上睡覺。妳一天可以去洗手間三次，午餐跟晚餐時間能坐著，至於其他的時間……」她指著走廊牆上中間的一個地方，並用力敲了兩下：「妳就站在這裡。」

我花了點時間消化這個新規矩，搞懂之後只覺得千愁萬緒，雖然想哭還是忍住淚水。強尼從沙發起身走進廚房，站在緹安娜旁邊說：「妳現在就可以開始了。」我緩緩起身，從廚房走到走廊，緹安娜指著要我站的地方說：「站在這裡，別再逃跑了。」我就定位，腳趾距離牆壁大概五英吋（約十公分），視線先是模糊，之後又聚焦在眼前光禿禿的牆壁，視野的右上角有三個圖釘的痕跡，形成一個三角形。

強尼走到我身後，在我的耳邊說道：「妳要在這邊從早餐時間站到睡覺時間，直到告訴我們怡菲姓什麼、住在哪裡。」緹安娜走回房間、關上房門，強尼又回到沙發，而我則是留在原地面壁。西法不發一語，因為他跟我一樣懼怕強尼，又能說什麼？又該怎麼幫我？他什麼也做不了。幾分鐘之後，我聽見他把牌收好，坐回客廳的地板。

我在心中告訴自己：「我是一棵樹，樹很堅強，無論遇到什麼樣的天氣，都不會輕易被擊潰。」一開始面壁時，我努力做好遭受打擊的心理準備，再三告訴自己，我很堅強而且與眾不同，總會想出辦法。

接下來，我想起怡菲、碧安娜、艾希利、潘蜜拉，還有安琪拉，也想起爸媽、住在附近的祖父母，以及哥哥姐姐們，回憶上次見到他們每個人的情景，盡量沉浸在快樂的回憶中，不去面對現實，彷彿在水面下憋著氣。後來我實在受不了，轉頭看看廚房裡微波爐上的時鐘，四十五分鐘過去了。我想換一種新的方式，於是決定開始數數。

一、二、三、四、五、六、七、八、九、十、十一、十二、十三、十四、十五……

兩個小時後，席爾家的孩子們放學回家，家裡的噪音直線上升，但我還是專心數數。我呼吸、數數、再呼吸、再數數，大腦雖然千頭萬緒，還是能把思緒拉回來。我一直站在同個地方，不像以前可以在屋子裡自由走動，還能轉移背包的重量，如今我的肩部肌肉越來越緊繃，頭顱下方一直到尾椎那一帶，全都痛得像火在燒。

兩千零五十三、兩千零五十四、兩千零五十五、兩千零五十六……

一直數到晚餐結束，孩子們都上床就寢以後，強尼才搭著我的肩膀說：「艾莉克西，妳該睡覺了。」隔天還有一天，數字繼續增加。

一萬零三百九十四、一萬零三百九十五……

有時，思緒會離開數字飄向別的地方，我會放空腦袋，讓視線模糊，不去看周遭的一切。有時則專心想著身體疼痛的範圍，思考疼痛從何而來、到哪停止，以及導致疼痛的原理，我努力感受肋骨與脊柱的連接處，還有脊柱底部的盡頭，盡量在疼痛狀態下集中精神。

一個小時又一個小時過去，我不停回想以往做錯的事。比方說，不該告訴媽媽自己喜歡女生，她當時在臥室尖叫，爸爸低頭看著地板。我一邊重溫從媽媽房間走到我房間的路徑，一邊回想那通姐姐打來的電話，然後媽媽叫我收拾東西滾出家門……。我不該對她說我喜歡女生，應該要說跟男友上床。跟男友上床也是禁忌，但沒嚴重到會被趕出家門。

我在腦海中寫了另一個劇本，當媽媽問我是不是跟誰上床，我應該說沒有，只要搖搖頭走出門就好。那天爸媽到弗羅瑞斯家接我，也許該扔下行李跑走，或是在內華達州界的那個加油站逃跑，穿越過州際公路下方，躲在州界附近的賭場後面，好讓怡菲開車來接我。我現在也可以逃跑，離開這間房子、這個街區，但是這裡的人都認識席爾夫婦，沒有人認識我，沒人相信我，更不會有人出手幫忙。我在聖喬治住了好幾個月，倒是很清楚這一點。

十七、十八、十九、二十、二十一……

回憶起那幾次逃跑失敗的經歷，我的心奔向上帝，雖然必須老實說，我已經很久不想面對上帝，但我無路可走，再加上沒人幫忙，因此祈求自己能逃走、躲起來，與女朋友一起迷失在瘋狂而美麗的世界，享受她吻上我嘴唇的感覺，而不想跟不接受我的上帝有任何瓜葛。

這就是我面壁時的心裡感受，並這麼度過一小時又一小時，一天又一天，忍受背帶噬入肩膀。

四百三十八、四百三十九、四百四十……

背包的重量沉甸甸地壓在心頭，我回想起小時候在教會的主日學課堂上，聽過許多境遇悽慘的兒童故事：有人在暴風雪中迷路，有人跟家人失散，他們都孤單又害怕。我記得《摩爾門經》中有位名叫以挪士（Enosh）的先知，在森林裡不停禱告，直到得到答案為止。

七千四百三十五、七千四百三十六、七千四百三十七……

於是我禱告，跟摩門教的其他女生一樣禱告。無論是不是同性戀，我仍然是原本那個女孩。親愛的天父，拜託救救我，帶我離開這裡。我面壁站著，屋子裡的噪音在身邊打轉，有時候強尼會大聲說道：「你看那個變態。」我時時變換雙腳的重心，盡量減輕痛感。強尼繼續說：「變態，妳逃不了的，妳完蛋了。」

不過，讓我心寒至今的是，明明那麼多人看見我面向牆壁站著，卻沒有人說話。一整天下來，席爾家的客人來來去去，我就站在每個人進屋時都必須經過的前廊。過去逃跑的經驗告訴我，別人都把我當空氣，而且極為信任席爾夫婦，認為這個問題少女活該落到這種地步，他們覺得眼前的是個自以為是同性戀的愚蠢女生。那些偶爾光臨席爾家的教會弟兄姐妹，還有左鄰右舍，想必都這麼認為。

對街的鄰居來了又走，維克多的朋友帶著他爸媽來了又走，席爾夫婦在教會的朋友來了又走。我面向牆壁，全都聽得一清二楚，不論是敲門的聲音、打招呼問候，還是尋常的對話，都從距離我幾公尺的地方，流向客廳或廚房。他們信任席爾夫婦，認為一切都是為我著想，我知道自己有話也不能對這些人說，因為他們永遠不會相信。

這裡的摩門教傳教士，大概每星期會有一天到席爾家吃晚餐。招待傳教士是摩門教的傳統，時常會有兩個來自猶他州、亞利桑納州，還有愛達荷州的十九歲傳教士前來拜訪，他們留著短髮、穿白襯衫、打領帶、胸前別著名牌，挨家挨戶地敲門尋找傳教對象，但在聖喬治也不例外。

晚上如果有傳教士來吃晚餐，我會先做好雞肉跟馬鈴薯、佈置好餐桌，再拿著我的餐盤去面壁。傳教士敲門，強尼開門後總是熱情地打招呼、跟他們握手，然後全家人跟傳教士同桌吃飯，我則一個人站在大約二十英呎（約六公尺）外的牆邊。

晚餐過後，傳教士將拿出經書唸給全家人聽，或是用隨身攜帶的ＤＶＤ播放器放映教會影片，我面向牆壁，一切都聽在耳裡。他們看得見我，但看見也沒有用，他們完全不會跟席爾家的人、教區的人，或是外面世界的人提起。我日復一日面壁站著，反覆思考：「他們怎麼可能沒看見我？看見了又怎麼忍心不問問我是誰，為什麼面壁站著？」

那些戴名牌、打領帶的十九歲青年，其實跟我沒什麼差別，都是尋常的年輕摩門教徒，跟那些與我在維克多維爾教區一起長大的男生一樣，日復一日禱告、讀經、挨家挨戶敲門拜訪教友、參加聚會，還要遵守摩門教傳教士的種種嚴格規範，包括吃飯、睡覺、生活習慣等。他們在很多方面都被傳教士的身分與規矩束縛，就像我被裝滿石頭的背包困住一樣，所以他們不可能像正常人一樣看見我。

我很想知道，他們之所以在餐桌上跟席爾夫婦和孩子們談天說笑，卻開口不談我的處境，不肯正視我或跟我說話，是不是因為恐懼？還是他們太想服從上帝的計畫，一生都要按照計畫安排？如果他們仗義直言、走出框架、打破成規，推翻傳教士生活的規定，並刻意忽視摩門教對同性戀者的不成文規定，是不是就會被上帝的計畫排除在外，失去他們深信的未來保障？

我知道自己總有一天會離開這間房子，脫離這個背包，就算還要再熬兩年、熬到十八歲，還是會離開這裡，找回發聲的力量，而不是永遠當個隱形人。但那些年輕傳教士是否可以找回這種能力，學習去看見不該看見的事物、聽見不該聽的聲音、問不該問的問題，還是就如此受困一輩子？

我每天對著牆壁，一遍又一遍地對著自己說：「我的不同之處，正是強大之處，我一定會找回發聲的力量。樹木很強壯，遇到再壞的天氣，也不會輕易被摧毀，我是一棵樹。」我想把這段話烙印在腦海。但一個又一個星期過去，無論再怎麼堅守信念，也覺得有所動搖。我發現心底深處有個念頭，從頭部下緣沿著疼痛的曲線越過肩膀，一路延伸到脊椎最下方，把我整個人往下拉，使我脫離表面、離開其他人。有一部份的我很堅強，而且決心想擺脫困境，但還有一部分的我很想死。

我也不知道什麼時候萌生這個念頭。一開始，想死的念頭並不強烈，大概是我發現沒人看得見我、沒人會伸出援手之後，逐漸產生輕生的衝動。隨著十二月接近，我開始把自殺的念頭付諸文字寫入日記，不論是日記裡的文字，還是自殺的念頭，都讓我感到害怕，但在文字與這個想法的背後，自殺的衝動本身也是一種安慰。

不管用什麼方法，我都會離開這裡。

我覺得有股頑強的力量靠近自己，讓我遠離天天令人胡思亂想的那堵無趣白牆，遠離腦中不斷默數的一連串數字。然而，「變態」兩字惡狠狠地盤旋在四周，伴隨強尼的電玩砲火聲，還有來來去去、對我視而不見的人們，我內心深處感受到一股被隔絕的沉默。面對無路可逃的困境，我只能抽離自己，想辦法讓意識回到黑暗、溫暖、熟悉，只屬於自己的地方。我思索著如何結束自己的生命，就像走入私密的園地，誰也無法干涉。

不管用什麼方法，我都會離開這裡。

十二月的某天，我不知道是哪天，因為天天面向牆壁站著，本來就難以分清確切的日期，現在變得更加困難。我決定在十二月的某天付諸行動，給自己一個解脫，把它當作自己十六歲的生日禮物。我的生日在十二月十六日。

其實，我一直很期待自己的十六歲生日，希望擁有駕照，想跟艾希利還有碧安娜一起慶祝，開車在維克多維爾閒晃，做些無厘頭的事，說不定還會有個插滿蠟燭的大蛋糕。但這些對現在的我來說非常遙遠，彷彿是在海底看著水面上的人生。

十二月十六日那天，我醒來之後先思考幾種選項，很快就擬定一個計畫：我知道席爾家的藥品放在哪裡，只要把一堆藥丸吞下肚，就算沒死也會送醫。

不管用什麼方法，我都會離開這裡。

我離開牆邊去做晚餐，從食品儲藏室跟櫥櫃拿出拉麵、醬油、湯鍋、平底鍋。強尼常用止痛藥搭配卡瓦酒，以緩解關節與雙腳的疼痛，他把止痛藥放在廚房的櫥櫃裡面，旁邊還有幾瓶那普洛先❿，我默默細數他的止痛藥。

我把麵條煮熟後再油炸，席爾家的孩子們在廚房穿梭。我暗自計算自己現在的體重、強尼的體重、他服用的量，以及需要服用多大的劑量才能自殺。我把拉麵裝盤放在餐桌上，又回到牆邊，為了讓藥效發揮得更快，那天晚上刻意不吃晚餐。

晚餐時間結束，我刮掉餐盤上殘餘的拉麵，沖水後堆放置洗碗機裡，接著再次回到牆邊。黑夜漸漸籠罩整個房子，可以感覺到時間一分分過去，強尼為了再倒一杯卡瓦酒，從沙發走到廚房，又走回沙發。不久後，席爾家的孩子一個個離開客廳去房間睡覺，強尼也靜下來。我聽見黑暗中傳來《ESPN電視台》講解足球精彩集錦的聲音。

之後，強尼在客廳用昏昏欲睡的聲音說：「艾莉克西，去洗澡睡覺。」他從沙發起身，走入臥室並關上門。我離開牆邊走進浴室，把背包放在地上，脫掉為了減輕肩膀重壓，刻意穿上的長袖運動衫與T恤。接著進行每天晚上的例行公事，用手指按壓皮膚上紅紅的痕跡。我停頓下來，往後挺直肩膀並看著鏡子，肩胛骨的疼痛範圍像翅膀一樣蔓延開來，感覺頭部下方到脊柱底部的範圍內，有股深藏的力量在拉扯。我與鏡中的自己對望，不禁心想：「真的要離開這裡。」

我向來固執，但在這一刻卻刻意走向死亡，並感受到內心的固執程度再度上升。洗完澡後，我穿著睡衣與睡袍坐在床墊上，耳邊傳來奧莉維亞睡著後的沉重呼吸聲，我撕下日記的一頁，決定寫封道別信給爸媽。那封信現在不見了，但記得自己寫下對爸媽的愛與歉意，寫完後我把紙張對折，塞在床墊下的一角。

我從房間走到廚房，一路上小心翼翼，不發出一點聲音，抵達廚房後，從水槽旁拿出那普洛先和其他幾種處方止痛藥，用大塑膠杯裝滿水，把瓶子裡的藥丸全數吞下，再吞下三分之一瓶的那普洛先。我一邊吞藥，一邊定睛看著鄰家陽臺上的日光燈，催促自己趕快靜靜把藥吞完，然後走回床墊閉上眼睛。

幾小時後，我睜開眼睛，凌晨的天色還是一片漆黑。我的頭非常暈眩，手腳刺痛且麻木，感覺深沉、黑暗、溫暖的力量把我往下拉。我好高興，過程完全不會痛苦，我好高興，終於快要解脫了。

但在下一次有意識時，我感受到嘴巴被扯開，一個金屬湯匙插進喉嚨，有人用力向後拉

❿ Naproxen，可用來緩解急性或慢性風濕關節炎、關節局部腫脹、強直性脊椎關節炎、脊椎炎、椎關節炎、關節周圍炎、上腕肩甲骨炎及骨骼肌不適之粘液囊炎、腱鞘炎之消炎、鎮痛、解熱。（資料來源：衛生福利部食品藥物管理署）

扯我的頭髮，緹安娜在一旁叫得好大聲。接著，我的嘴巴被灌滿了水，鼻子聞到浴室地板的氣味，喉嚨深處傳來膽汁的味道，眼前則是有點刺眼的日光燈。金屬湯匙刮著喉嚨，我聽見淋浴的水龍頭聲，冰冷的水滲透睡衣。

「妳這個白癡！妳這個白癡死變態，腦袋在想什麼？」

「艾莉克西，醒醒！醒醒！」

藥效退去，我雖然不情願，終究還是恢復意識。我發現自己**真的無處可逃、無路可走**。這次的自殺行為把席爾家的人氣壞了，緹安娜現在連零星的關愛也不給我，還分派多一倍的家事。強尼說，光是有自殺的念頭，就足以證明我是個蠢蛋，而且他們似乎覺得這個自殺行動不是認真的，強尼怒吼道：「妳怎麼可能吃那麼多藥！要是這樣會死，妳早就死了。」

不過，席爾夫婦終究還是將這件事告訴爸媽。幾天後是我固定跟爸媽通話的時間，媽媽只是哭個不停，我對於她沉痛的說話方式感到相當難受。而且，我實在無法理解，無論是爸媽或席爾夫婦，竟然都沒採取任何行動，我不是有自殺行為了嗎？難道不應該帶我去找治療師、輔導師，或是其他相關專業人士嗎？

我後來才知道，很多收容所的孩子離開家裡、與家人隔絕，難免會有自殺的念頭。但他們如果和我一樣有輕生想法，甚至付諸實行，就會被交給醫師或有執照的治療師看管。但是，我在席爾家只能自己照顧自己，就算自殺也沒有專業人士前來關切。如果想要活下來，一切都得靠自己。

當週禮拜天，緹安娜帶我到教會與大祭司面對面對談，席爾夫婦和祖父母是同個教會，但祖父母假裝不認識我，免得阻礙席爾夫婦為我設計的計畫。按照教會慣例，當十幾歲的少年少女生日時，便與和大祭司對談，這些都是計畫的一部分。神奇的是，我的人生在這幾年劇烈改變，但這個部分始終沒變。

緹安娜開車帶我去同條街上的教堂，敲了敲大祭司辦公室的門。大祭司看起來像典型的摩門教父親：白襯衫、領帶、逐漸變白的棕髮、溫和的表情。他伸手握住緹安娜的手說：「哈囉，席爾姐妹，讓我們單獨談談好嗎？」緹安娜微笑點頭，坐在大祭司辦公室外的門廳等待。

我在大祭司的辦公桌前坐下，由於吞了太多藥，腦袋還昏昏沉沉，表情充滿疲憊與絕望。大祭司問：「艾莉克絲，妳好嗎？」淚水滾落我的臉頰，我告訴他自己遭遇的一切，包括被送到這裡來、被席爾夫婦如何對待、裝滿石頭的背包、牆壁、吞藥自殺。我從桌上的面紙盒中抽了幾張衛生紙，沒再繼續說下去。

大祭司開始說話：「這個嘛，我知道妳的爸媽很愛妳，他們都是好人，席爾夫婦也是真正的好人。」大祭司就跟整個教區的人一樣，都是按照計畫生活：上教堂、養育孩子、在主日學校教導五、六歲的孩子。他們是計畫的一份子，我卻顯得格格不入。

「他們只是在盡力幫助妳。妳以前碰過毒品，對吧？」

「對，可是我很久沒碰了。」

「我覺得他們這樣做是在幫助妳。」

「請不要叫我回他們家，大祭司我求求你。」我感覺到自己的聲音在顫抖。

「我知道席爾夫妻較為嚴厲，但他們拯救過很多人。」

我本來希望大祭司能看見我的困境，因為從小大人就不斷強調要信任教會領袖，我多希望這份信任不會付諸流水，多期盼大祭司會伸出援手。我以前聽過那麼多教會領袖幫助他人的故事，也想得到那樣的照拂。

然而，期待終究是落空了，大祭司沒看見眼下的困境，而且對我的懇求充耳不聞。我感覺到自己更加抽離，逐漸墜落於身體這個軀殼中，他的話語越來越遠，而我的心變得更加麻木。訪談結束後，大祭司跟我一起走到門廳，並與緹安娜握手。回家後沒過幾分鐘，我又開始背著背包面壁。

爸媽想在聖誕節時來探望我，於是詢問席爾夫婦是否能讓我住祖父母家，好讓一家人團聚，但他們對爸媽說我還沒準備好，所以整個假期都必須在席爾家度過，不過我們可以在他們的監視下短暫相聚。除了爸媽之外，大概還有二十人到席爾家過聖誕節，全是他們夫妻各自的家人。為了接待這麼多人，必須準備許多東西，所以我十二月二十四日沒有站在牆邊，而是與緹安娜一起在廚房度過。

我在水槽前將高麗菜切碎，為之後製作蛋捲做準備，此時聽見客廳傳來強尼的聲音：「嘿，艾莉克西，去做點卡瓦酒。」我放下刀子和高麗菜，走向位於廚房一角的白色塑膠桶，稍微調整肩上沉重的背包後，蹲在塑膠桶前，將適量的卡瓦根粉倒入尼龍襪後打結，再放進水裡揉搓。沒過幾分鐘，強尼走過來，將馬克杯裝滿卡瓦酒，再次回到沙發。由於強尼家的親戚都會來過節，接下來幾天勢必要做大量的卡瓦酒。

那天晚上，我和緹安娜準備食材到很晚，我們忙著醃雞肉，大概捲了幾百個蛋捲，並將它們放進油鍋裡炸，我負責維持炸油乾淨，並幫緹安娜佈置節日當天晚餐的餐桌。可以感受得到緹安娜的心境似乎比平常輕鬆，她在這種時候會說出心裡話，溫柔地把我垂下的一縷頭髮塞在耳後，甚至還會擁抱我。由於長久以來太渴望有人關愛，就算這份溫暖來自緹安娜，我也樂於接受。

我知道緹安娜日子過得不容易，由於強尼老是找不到工作，即使找到也做不久，全家人的經濟重擔都落在她肩上，因此必須要賺錢養家、餵飽家人，以及照料孩子。然而，強尼偏偏待她不好，總是大呼小叫，讓她的日子更難過。當只有我們兩個在，她的心情碰巧又比較放鬆時，便會跟我聊天，那天晚上就是這樣。

「他那個脾氣，嚇死我了。」

「妳說強尼嗎？」

「對啊。」

她邊說邊用夾子把兩個蛋捲放入油炸籃，我站在旁邊，聽她數落強尼如何苛待她。這種時候，她平日的威嚴會漸漸轉淡，彷彿變得跟我一樣都是十幾歲的少女，拚命想知道自己在這個世界上的位置。她凝視著炸油，表情變得柔和，我從她的眼睛和嘴部曲線中，看見一種淡淡的哀傷。

「他總是罵我吧。」

「我知道，但妳不難過嗎？」

「他這樣說，我只會更想吃。」

到了凌晨四點，我們總算把一切準備妥當好，得以上床睡覺。隔天早上八點，我醒來後背上背包，走到牆壁前站著，席爾家的孩子則是在客廳拆禮物。爸媽中午會抵達，到時候就能拿下背包了。

早上，強尼與緹安娜的親戚陸續抵達。緹安娜的爸媽住在聖喬治，強尼的兄弟姐妹則從內華達州驅車過來。我仍然面壁站著，只有當強尼叫我去裝些卡瓦酒，才能暫時離開牆邊。每次跪在塑膠桶前揉搓尼龍襪時，我都會凝視廚房牆上的時鐘，計算爸媽還要多久才會到。

快到中午時，緹安娜說我不必再站在牆邊，可以把背包拿下來。我把背包放在奧莉維亞房間的衣櫥裡，這時聽見爸媽來了。強尼在前門迎接爸媽，我繞過走廊的角落，正好看見他們互相擁抱，互道聖誕快樂。媽媽抬起頭，看見我在走廊那頭望著她，便走過來擁抱我說：「艾莉克絲，聖誕快樂。」我真的好想念靠近媽媽的感覺。爸爸站在附近看我們，我與他四目交會，但沒有擁抱。

強尼招呼我爸媽到客廳稍坐，並介紹給他的親戚認識。之後，爸爸坐在強尼旁邊，看見席爾夫婦幾位親戚手上都拿著卡瓦酒，便問：「你們在喝什麼？」強尼回答：「這種傳統飲料的原料是某種植物的根，可以治好身體各種疼痛，要不要來一杯？」爸爸微笑答應，跟著強尼走進廚房。

爸爸跟強尼和他幾個親戚坐在沙發上喝卡瓦酒。從爸爸微笑著說話的樣子，可以看出他心情很輕鬆。爸爸問強尼：「你剛才說這個是什麼植物的根？」他回答後，爸爸便請媽媽記錄下「卡瓦」兩個字，並大聲說道：「說不定這對我的關節炎很有效。」

下午四點左右，大家坐下來吃聖誕晚餐，桌上有雞肉、米飯和蛋捲，我靠在享用餐點的媽媽身上，感受她身上熟悉的溫度。那天的我實在無法進食，胃痛令我覺得噁心。

晚餐過後，我幫忙洗碗收拾，男人都回到沙發上繼續享用卡瓦酒，緹安娜跟媽媽在廚房聊天。我聽見媽媽委婉懇求緹安娜讓我回祖父母家過夜一天，緹安娜聽聞後說：「我覺得她需要有人在旁邊監督。」媽媽停頓一下說：「那我可以在這裡住一晚陪她嗎？」緹安娜遲疑了一下，還是答應：「樓上的房間給妳用。」

晚上，席爾家的親戚一一離去，爸爸還在樓下跟強尼有說有笑地喝卡瓦酒，緹安娜則帶我跟媽媽到閣樓的房間。我本來希望可以與媽媽獨處，私下說幾句話，對她說我為什麼自殺未遂，沒想到下一秒鐘，奧莉維亞跟葛蕾絲就將毯子與枕頭拿到閣樓，安置在另外兩張床上。我知道若是在她們面前講任何多餘的話，恐怕就得多面壁幾天，或是遭受席爾夫婦更殘酷的懲罰。

媽媽和我換好睡衣後上床就寢，我希望她能看見我肩上的紅色痕跡，如此一來就什麼都不必開口，但她背對著我，並沒有注意到。不久後，媽媽招手示意我躺到她身邊，我回想起以前在蘋果谷的家，我們一起蓋著藍白相間的毯子窩在沙發上。想著想著，我蜷伏身子哭了起來，依偎著她。

我低聲對媽媽說：「他們逼我背裝滿石頭的背包，還要整天面對牆壁站著。媽，真的很痛耶！妳不要再讓我住在這裡了。媽，我好想死。」我伏在媽媽的胸前哭泣說：「我死掉算了。」媽媽撫摸我的頭髮：「艾莉克絲，這都是在救妳，我們會盡快搬來這裡。」樓下傳來爸爸和強尼聊足球的聲音，爸爸從來不看足球，現在卻跟一個打我、罵我變態的人邊聊足球，邊喝卡瓦酒。

我摟著媽媽哭泣，知道她只是不曉得該如何與我相處，該怎麼面對我喜歡女生的事實，而且她太渴望能得到救恩計畫的保護，不惜把我送到陌生人家。她認為如果我願意改變，也能得到救恩計畫的救贖。

在此同時，我漸漸對爸爸感到失望，他並非生下來就接觸摩門教，而是為了跟媽媽在一起，才改信仰摩門教。我知道他並不完全接受摩門教，過去有時甚至會跟我站在同一陣線，質疑保守派摩門教人士對政治與宗教的某些言論。

爸爸一開始不贊成把我送到這裡，但他那時什麼也沒說，也許是被種種問題耗盡心力，煩惱著如何維持家中的收支平衡，以及賺錢照顧我和媽媽，所以沒餘力反對。然而，我內心深處，其實很盼望爸爸能相信我、傾聽我的聲音、看見我的困境，並相信他終究會清醒。然而，聽見他跟強尼把酒言歡聊足球，只覺得心中的希望黑化成怨恨。

爸媽很希望能遵照某個可解決所有問題的計畫，以保障未來的安全，並讓他們得以面對人生的艱難挑戰。我知道爸媽想融入一個認同他們的社會，哪怕那個社會容不下像我這樣的人，哪怕那個社會要求我改變所愛的對象。但是，強硬扭曲我的本質，根本就是在傷害我。

爸媽就像那些眼睜睜看著我被毆打，卻不肯仗義執言的聖喬治居民，以及看到我站在牆邊，卻不聞不問的年輕傳教士。爸媽全心相信並想融入救恩計畫，因此無法陪伴我這個同性戀女兒度過難關。不論是當時還是現在，我都不責怪他們，但他們那份覺悟仍然讓我痛心，而且痛入骨髓。

隔天早上天色還昏暗，爸媽就起個大早準備踏上歸途。媽媽抱著我說愛我，爸爸則完全避開我。目送他們開車沿著街道遠去，我忍不住落淚，覺得希望徹底破滅，連爸媽也不會伸出援手。我以淚水送別希望。

12

為了重享自由，堅強盤算新的計畫

我很難形容那段面壁的日子，主要是因為自己記不太清楚，在日記裡也很少提起。自從強尼發現日記後經常偷看，所以我不像以前一樣常在上面抒發心情，日記已不是安全的空間，彷彿自己再也沒有一個屬於個人的空間。而且我逐漸發現，在這個世上一切，以及所感受到的生存，全取決於能否與席爾夫婦愉快相處。

還記得十二月底到一月初的幾個寒冷冬日，我在黑暗中更衣，穿上好幾層T恤和外套、背上背包，做完早上的家事後，就到牆壁前報到。每天一開始面壁時，都要讓眼睛先適應焦距，接著開始數數，或是想辦法讓自己開心一點，重播以往溫暖的回憶，像是在弗羅瑞斯家吃溫熱的普普薩，或是在管弦樂課把大提琴從盒子拿出來。

有時我會想像老家的房間，一點點拼湊出細節，回憶紫綠相間圖案的床單、床頭櫃抽屜把手的形狀，彷彿這麼做就不至於脫離現實。在我努力追憶的同時，熟悉的疼痛開始從肩胛骨蔓延開來，從頭部下方一路延燒到脊椎底部，我會時時變換雙腳的重心以避免痠痛，然而呼吸聲還是會因為肩上重物而變得越來越沉重。不知過了多久後，可以感受到黑夜降臨，回過神來轉頭看微波爐的時鐘，藍色數字告訴我已經過了幾個小時，但卻不知道時間都到哪裡去了，好詭異。也許這是大腦的自我保護機制，一旦覺得無路可走，就會創造出可以躲藏在裡面的新天地。

有時候，面壁會引發恐慌，緊張突然向我襲來、脈搏開始暴衝、心臟開始狂跳，我感覺自己快死了，連站都站不穩。記得一月的某個陰天早晨，我覺得沉重無助，如常做完早上的家事後，待孩子們離家上學，我一邊洗碗一邊從抽屜拿出一把刀，偷偷放進褲頭，那把普通大小的菜刀貼著皮膚，冰冰涼涼的。我悄悄走到房間，把刀子藏在床墊下，接下來的兩個晚上，我把手伸到床墊下，將刀子貼近肚子。

我努力鼓起自殺的勇氣，這究竟算不算勇氣？但我做不到，真的做不到，只覺得自己再也沒有力氣對抗。我自認是個很有鬥志的人，也曾拚命試圖看清自己是誰、掌握人生方向，並因為這份鬥志吃足苦頭，但我現在只想投降、認輸、放棄。這份心寒讓我開始盤算最好的生存策略。

其實，讓我願意天天面壁的唯一原因是固執，對怡菲的愛令我鐵下心想保護她，但我一天也熬不下去了。再怎麼想保護怡菲，也得想辦法活下去，更何況沒人站在我這邊。我心想，坦白一切就能盡快離開這裡，即使他們控告怡菲，司法程序也是曠日廢時，而且他們必須確實拿到我的證詞，等我重獲自由就能說出真相，可以告訴他們自己不是受害者，怡菲沒有加害於我。

一月中旬的某個中午，我終於離開牆壁。那時緹安娜剛下班回家，正在廚房準備吃的東西，我在牆壁前拉高嗓門說：「緹安娜，我要放棄了。」強尼聽聞後從沙發起身走到廚房。緹安娜語氣很溫柔，把手放在我的肩頭說：「好的，寶貝。妳先把背包放下來，我們坐下來聊聊吧！」

我離開牆邊，目光重新聚焦，把黑色的背包拿下來放在地上，雖然肩膀和雙腳還是很痛，心中覺得麻木又無助，但總算離開牆邊了。緹安娜接著說：「妳最好誠實以對，並準備面對不誠實的後果。我們只希望妳能專注於改過自新，遵守這個家告訴妳的事情，以及妳爸媽教導的價值觀。」

關於怡菲的資訊，我能提供的不多，只能說出姓氏、她祖父母居住的城市，以及老家的所在地。她如果沒去維克多維爾或洛杉磯，就會回老家。另外，我知道她開著紅色吉普車，但不知道車牌號碼，我還知道她的手機號碼和的生日，不過真的不知道她家住址。

我深吸一口氣說：「現在我會誠實坦白，專心做該做的事，變成更好的人。」我將所知的一切告訴席爾夫婦，像是姓氏、出生日期、電話號碼。緹安娜將這些資訊記在便條紙上，強尼站在我們身旁，雙手抱胸靠著廚房的櫃臺，將手指嵌入他的二頭肌。

我當時僅關心自己還要不要面壁，需不需要再透過默數數字轉移注意力，只希望大腦不用再吃力地跟上現實，也不必感覺到脈搏沒來由地暴衝。即使要我繼續背著背包、每天做家事也無所謂，自由走動可以讓脊椎四周的肌肉喘口氣。

我向席爾夫婦透露怡菲的名字，他們確認怡菲超過十八歲後，立刻打電話給爸媽，要他們向維克多維爾警方控告怡菲。不論是爸媽或席爾夫婦，都一直跟我說怡菲挑中並調教我，還將毒品當作籌碼，強迫我跟她在一起，沒人知道當時的我有多想和她在一起。那是我第一次墜入愛河，愛上一個女生，但他們認為控告怡菲才是正確的選擇。

緹安娜說：「艾莉克西，加州有位刑警想跟妳談談，妳沒跟執法人員打過交道，這對妳來說很困難，不像我比較有經驗。妳一定要講實話，不能有一絲一毫的虛假，不然麻煩就大了。妳明白嗎？」她熱切地看著我說：「我會告訴妳怎麼說，照我的話跟他們說。」

如果這樣做可以不必面壁，我願意聽從緹安娜的提議。我們坐在床上，她貼近並拿出手機撥號，接著按下擴音鍵，把手機放在床單上。電話的另一頭傳來男人的聲音：「維克多維爾警局你好。」緹安娜說：「警官您好，我是緹安娜・席爾。艾莉克絲也在這裡，針對我們上次討論的案子，她有一些資料想提供給你。」警官回應：「請告訴我關於怡菲・艾斯本諾莎的事情，我想了解發生什麼事。」從警官的反應來看，似乎早就知道緹安娜會打電話來。

緹安娜靠過來，在我耳邊說悄悄話。她叫我跟警官說怡菲逼我吸大麻，因為吸了大麻才會頭腦不清楚，還叫我說怡菲逼我上床以換取毒品。我明知這些都是謊言，還是照著說。

接下來，問話內容越來越具體與詳細，緹安娜低聲提示性愛姿勢的細節，我害羞到不敢大聲說出來。我從沒跟緹安娜或強尼聊過和怡菲交往的經過，也不曾在日記裡提過，實在不知道緹安娜怎麼會想出那些細節。不過我已放棄一切，她對著我的耳朵輕聲說完一句話，我便一字不差地對著電話重述，這就像兩個成年人在談論性行為，我這個棋子卻完全插不上話。

緹安娜在我耳朵旁邊低聲提示，一不小心沒控制好音量，我嚇得顫抖了一下，沒再說下去。此時警官問道：「有人在旁邊下指導棋嗎？」緹安娜拿近聽筒說：「沒有，她只是有點搞不清楚，我在提醒她。」警官對緹安娜說：「不要再這樣了。」但她還是照做不誤，繼續在我耳邊提示。訪談結束了，我們掛斷電話，緹安娜拿起地上的黑色背包放進衣櫥，並對我說：「艾莉克西，妳做得很好，這樣才對，要百分之百誠實，勇於承擔自己的行為。妳現在坦白了，就沒有重擔了！」

我現在不必面壁罰站，也從保護怡菲的壓力中解放，可以多花點心思跟席爾夫婦和睦相處。因為必須跟他們打好關係才能獲得短暫自由，並順利活下去。我一直遵守席爾家的規矩，完成夫婦倆交代的每件家事，如果不這麼做下場只會更慘。我親身目睹並體驗過他們用肢體暴力對付其他人，所以寧可幫他們一家七口煮三餐，也不想被拉進車庫體罰。

實際上，我心裡並不認同席爾家某些例行公事，尤其是每天早上由強尼主持的小組談話和讀經時間。打從第一天開始就覺得非常荒謬。我始終抱持有點叛逆的心態看待摩門教，但多年來爸媽對我的教養，以及每週日在教會度過的三小時，仍帶來不小的影響。我知道該怎麼禱告，也熟悉經書內容，更明白那種希望上帝真的存在，想擁有安全、保護與解答的心情，因為自己扎扎實實地感受過那種渴望。由於太熟悉摩門教的基本教義，知道救恩計畫無法保護像我這樣的人。

五個月前剛住進席爾家時，每天早上必須耐著性子熬完小組討論，然後盤腿坐在地上聽強尼朗讀《摩爾門經》，或是拿救恩計畫說教，此時我總會偷偷在心裡翻白眼，心想：「他憑什麼拿我的宗教信仰對我說教？尤其是對於摩門教義的解讀，根本一點道理也沒有。」他曾說上帝不允許同性戀進入天堂，但會在天堂製造一個異性戀版本的我，這樣爸媽才不會永遠掛念我。我很清楚教義不是這樣，強尼卻非要這樣說。

這幾個月發生太多事，把我弄得筋疲力竭，當時間走到一月，我只想活下去。為此得做些讓席爾夫婦認同的事，並取得他們的歡心。我已經太久沒接觸那些會親暱地叫我的名字、跟我一起說笑的家人朋友，如今身邊只剩席爾夫婦。

我心想，討他們開心最好的辦法就是更專注於小組聚會，於是拿出經書複誦強尼的話，認真回答他的問題。某天小組聚會時，我坐在破舊的米色地毯上，將經書攤開來放在大腿，抬頭望著沙發上的強尼，決定進一步向他們示好，於是便舉手認真提問：「〈阿爾瑪書〉說，上帝派祂的兒子到人間帶走所有罪惡，耶穌的死怎麼會洗清大家的罪惡？」

強尼看起來好像有點嚇到，他看著我停頓一下才說：「艾莉克西，我不知道妳想幹嘛，無論妳想做什麼都要有個正確的目的。我覺得妳剛才只是隨便翻開一頁，沒話找話來問。」

很顯然地，我必須更努力，強尼才會相信我現在真的對經書感興趣。所以從隔天開始，我每天早上做完家事就拿出經書，坐在廚房餐桌旁閱讀，晚上收拾好碗盤，孩子們都睡覺之後，就帶著經書回到廚房餐桌旁。

以前我會和西法一起會玩牌，或是閱讀席爾家的犯罪小說，度過漫長的閒暇時間。那些小說的封面都是黑色搭配紅色，看起來很恐怖。但我已鐵了心要活下來，因此把看小說的時間拿來研讀經書，而且更積極地參與小組聚會。我的策略漸漸奏效，越是在小組聚會上積極發言，強尼越會說救恩計畫容不下同性戀，這時我如果再表現出願意改變本性的態度，日子會變得越來越好過。我不必面壁罰站，也不用忍受背包的背帶嚙入肩膀，兩個肩胛骨間的弧形地帶漸漸不再疼痛，那種喜悅簡直無法形容。

不過，即使我完成席爾家的例行公事，也遵守規矩，仍沒辦法接觸家人朋友。我幾乎無法擁有十六歲少女眼中的正常生活，但能感受到脊椎骨之間的放鬆空間，這對當時的我來說就是天大勝利。即使在席爾夫婦定義的世界中當個囚徒，我也無所謂。每個星期天，我甚至可以走三條街的路程到附近的摩門教堂。回想自己剛住進席爾家的前幾個月，我對教會的人充滿怨恨，許多人看我背著背包、面壁罰站，每一個人卻都視而不見。

我下定決心要離開席爾家，而且知道只要在教會表現得體，就能贏得席爾夫婦信任。於是，我開始在聚會上發表對上帝的見證，站在麥克風前面對全體會眾，讚美席爾夫婦如何拯救我。他們甚至安排我在教會的某個特別音樂節目上演奏大提琴，對已經好幾個月沒練琴的我來說，這簡直是一份大禮。不過，演奏結束後，大提琴就立刻被放回車庫。

我脫離背包酷刑後，強尼跟緹安娜允許我參加教會每星期舉行的女青年課程活動，而且席爾家的任何一個人都不會跟我一起去，這簡直是個天大的好消息，每星期可以享有無人監視的一小時，就跟脫離背包一樣美好。

我這個年齡層的女青年領袖是潔普森姐妹，她頂著一頭燙得很難看的紅髮，還有短短卷卷的前瀏海，家中四個孩子都已經成年。她總是開著一台綠色的大客車出現，而且帶甜點給我們吃。此外她擁有非常溫暖的笑聲。我對其他的教友心懷怨恨，但覺得潔普森姐妹應該是個可以聊天，甚至是求助的對象。

某天晚上，我從教會回到家，在廚房桌邊向西法吐露心事，他說：「妳少找死了，潔普森姐妹的丈夫跟強尼交情很好，妳要是搞砸，我們都會完蛋。」他停頓了一下，接著又以懇求的語氣說：「艾莉克絲，強尼要是覺得我在幫妳，或覺得有什麼事瞞著他，就一定會整我，我再也受不了了。」我明知潔普森姐妹的家人與強尼有交情，但聽到她的聲音，感覺彷彿有隻溫暖的手放上肩膀。

某個星期天，潔普森姐妹在教會宣佈，下週六女青年課程將舉行遠足，要到約二十英里（約三十二公里）外的剛洛克小鎮看瀑布。潔普森姐妹臉上掛著超大的微笑，興奮地說：「這個月的雨水充足，瀑布的水量一定很充沛，絕對很漂亮。」我跟教會的其他女生交情不深，畢竟我不是她們的同學，而且她們爸媽大概都再三叮嚀要離我遠一點，即便如此我還是相當期待這次的遠足。

那天晚餐結束後，我一邊收拾碗盤，深吸一口氣問緹安娜：「潔普森姐妹禮拜六要帶我們去看剛洛克的瀑布。」我刻意停頓一下，繼續清理碗盤，盡量不顯露出有多想去。緹安娜一開始好像沒聽見我說話，滿腦子都是家務事，她對著客廳喊：「奧莉維亞、葛蕾絲，準備去睡覺。」我屏住呼吸接著說：「我可不可以去？」短暫的沉默過後，緹安娜同意了這項請求，我在心中微笑，覺得自己的新計畫很順利，一點一滴慢慢奪回自由。

星期六早上，我很早就起床，早餐時間做家事時，始終如履薄冰，唯恐出什麼意外惹惱強尼跟緹安娜，徹底毀滅我的希望，還好只是白擔心一場。集合時間前約十分鐘，緹安娜叫強尼帶我去教會，其實距離那麼近，走路就可以了，但他們認為我需要有人在旁監督。

二十分鐘後，我坐在潔普森姐妹車子的後座，和其他女生一起談天說笑，我們開車離開社區，沿著長長的鄉間道路前往剛洛克。道路的東面是一千英尺高的紅岩山丘，西面則是一望無際的紅色沙漠平原，穿插零星幾棵紅荊樹，我欣賞著窗外不斷閃過的美景。

剛洛克是個小鎮，有間小郵局和巨大的摩門教堂，距離剛洛克五分鐘路程會看見一個水庫，潔普森姐妹把車子停在碎石路面的停車場，車上女生蜂擁而出，除了我之外，每個人都穿斯諾峽谷高中的長袖運動衫，帶著背包或水壺。潔普森姐妹微笑著對我說：「艾莉克絲，這個給妳。」接著把冷水瓶塞到我手裡。雖然我什麼都沒說，她卻早已注意到。

我們從停車場往下走了十五分鐘，經過乾燥狹長的峽谷抵達瀑布，其他女生忙著聊學校趣事，我則思索自己的事。關在席爾家好幾個月，如今感受到走在小徑上的自由，覺得非常新鮮。那天空氣涼爽，溫暖的陽光照在臉上，我放慢腳步，刻意感覺腳下石頭的觸感，還有水庫的氣味。

潔普森姐妹突然走到我身旁說：「艾莉克絲，妳覺得怎麼樣？」我回答：「好極了」，內心也的確這麼想。那一瞬間，我突然有股衝動，想把這五個月來發生的一切告訴她，從媽媽叫我滾出家門、屢次因為逃跑失敗而挨打，一直到後來的背包、面壁、自殺失敗，但我終究還是忍住了。雖然我想要向他人傾訴，不想一個人承受這些，但我想起西法的警告，覺得還是別說比較好。

剛洛克的瀑布比想像中還小，高度只有二十英尺（約六公尺），水流從紅岩懸崖的最上方落入下方的綠色水塘。我很開心能看見瀑布，並在當下做出決定，要用盡心思讓席爾夫婦允許我享受更多自由時光，這是目前唯一的出路。

大概從那時開始，我和西法、凱文變得比較熱絡，我們會一起參加小組聚會，不過他們不必做家事也不必煮飯。強尼常對我說，「治療」的目標之一就是要讓我做好準備，以後認識信仰摩門教的好男人（最好是會傳道的男人），跟他結婚、組織家庭，一切完全依照救恩計畫進行。

話說回來，我過去從來不信任凱文，因為他非常依賴強尼跟緹安娜，也知道他有多渴望改善自己的處境，但時間一久，我漸漸了解並同情他。相較之下，西法雖然也受創很深，但還保有一點俏皮的火花，而且不知為何，只要聽見他在家裡唱歌，精神會變得比較振奮。

到了一月底，席爾家又多了一個孩子，他是從舊金山來的但丁。他抵達那天，我因為不想跟強尼兩個人單獨待在家裡，便與緹安娜一起在收容所值晚班。下班後，緹安娜開車到灰狗巴士（Greyhound Lines）的車站，但丁站在路邊等我們，兩隻腳來回動來動去，不停對著雙手吹氣保暖。他的個子很高，膚色和眼珠顏色都相當淡，留著一頭短短的金色頭髮。他長褲的褲腰剛好位於細瘦臀部下方，用一條繫得緊緊的腰帶支撐。全部的行李只有一個背包。

但丁過去因為吸大麻而被家人送到少年收容所，直到幾年前都住在那裡。但是，他今年已滿十八歲，沒有地方住，於是家人聯繫緹安娜，問可不可以跟他們夫婦住一陣子。緹安娜下車後，一見面就給但丁一個大大的擁抱，但丁坐上後座，帶著大大的微笑向我自我介紹。我看見他的淡色的眼珠發出閃光，神經不由得跳了一下。

隔天早上，但丁、凱文、西法和我一起參加小組聚會，強尼歡迎完但丁之後，便一一介紹家裡的規矩，例如：別跟席爾家的孩子說話，不要跟其他正在接受治療的孩子說話，不可以偷東西，一切都要依照命令行事。他也對但丁說，這裡每個人都認識席爾夫婦，所以最好不要動歪腦筋。不過，強尼倒是沒叫但丁交出自己的衣服。

強尼說道：「你只要努力做個誠實的人，願意為自己的選擇負責，就可以繼續住在這裡。不過，在這個家要遵守我們傳授的價值觀，必須參與小組討論上的禱告與讀經。」但丁插話說：「如果我完全不相信你們的宗教怎麼辦？」強尼再次強調：「在這個家必須遵守我們傳授的價值觀，所以必須一起上教堂。」

接下來，我們輪流自我介紹，各自解釋住在席爾家的原因，強尼時不時會從旁補充說明。輪到我的時候，我對但丁說：「我被送到這裡是因為我喜歡女生。」我實在不喜歡對一群人坦白，但知道自己必須滿足席爾夫婦的要求。

但丁對大家說：「我來這裡是因為緹安娜在治療期間幫了我很多，而且我也無處可去。」強尼打斷他的話：「你會在這裡是因為吸毒，你要承認自己做過的事，並願意承擔後果，不然就要一直接受我的監督。」

幾小時之後，但丁跟我一起坐在餐桌旁，由於學校剛放學，奧莉維亞也坐在旁邊吃點心。但丁說：「我覺得不應該因為是同性戀，就被送到這裡。」我瞄了一眼旁邊的奧莉維亞，重重地吞了口水說：「我不想談這個。」但丁盯著我幾秒，從口袋拿出手機放在桌上，默默想遞給桌子另一頭的我。「不用了，這裡不能用手機。」我邊說邊看著奧莉維亞，默默盼望她不會說出去。但丁才剛搬來，我沒理由信任他，而且擔心他害其他人惹上麻煩。

接下來幾個星期，由於我跟但丁經常一起待在家裡，漸漸了解他的故事。雖然我們不該交談，但每隔一天，我們都會趁強尼在沙發上打盹、喝卡瓦酒，或是打電玩的時候，在廚房竊竊私語。

但丁在北加州長大，一天到晚惹麻煩、抽大麻，不但不好好唸書，還到處跟人打架。他爸媽為了讓他走上正途，將他送往聖喬治治療。在收容所，他身穿制服、參加小組聚會、和其他少年一起睡在宿舍，並在那裡認識緹安娜。

十八歲那年，但丁的爸媽叫他離開加州的老家，他便搬到舊金山跟一群男生住在一起。他喜歡女生也喜歡男生，跟同住的其中一個男生擦出火花，後來兩人吵架分手，對方便把他趕出家門。但丁無處可去，只能聯絡緹安娜，問她能不能一起住一陣子。

接下來幾個星期，我向但丁吐露我與爸媽之間的幾場衝突，包括與怡菲墜入愛河、一起跑去洛杉磯，還有跟爸媽坦白後被趕出家門。但丁說前女友跟他交往時才十五歲，卻沒有人表示質疑，顯然在這個家，異性戀者即使跟未成年人交往，也不會有人報警。

有一天，但丁對我說：「我們要一起逃出去，順便把凱文弄出去。」我想起凱文那張甜美又悲哀的臉，每次強尼走近，他都會有點畏縮。我們幾個人裡面，凱文被強尼傷得最深，因為強尼知道凱文內心深處的創傷與恐懼，便抓住這點狠狠攻擊，動不動就奚落凱文，問他是不是同性戀。

我不知道凱文有沒有膽量逃跑，也不知道可以逃到哪裡，我努力爭取席爾夫婦的信任，好不容易才剛開始有進展，逃跑的主意實在讓我心驚膽跳。原以為面壁罰站的日子已經讓我的膽識滅絕，沒想到現在又因為但丁而燃起勇氣的火花。

某天，強尼起身去裝卡瓦酒，碰巧看見我跟但丁在竊竊私語，使得我們不得不另尋新的溝通方式。接下來幾天，我們決定以書架上的某本書當作溝通橋樑。晚上大家都睡著時，但丁會在閣樓摸黑寫字條，清晨再偷偷將字條放進書裡。我則是清晨拿出字條，等上床睡覺時間再回信給他。我們就這樣暗地往來，籌劃一起逃跑的計畫，思考能否在附近找到願意幫助我們的人。然而，這種溝通方式只維持了幾天。

有天傍晚我正在準備晚餐，緹安娜突然說：「艾莉克絲，我要看妳的日記，拿來給我。」那時凱文在寫作業，但丁跟西法在客廳看書報，我們互看了一眼。我回答：「不在我這裡。」我說的是實話，有次我和但丁在廚房竊竊私語，並請他幫我保管日記，但丁答應會幫忙藏起來，要是出了什麼事，一定會把日記交給我爸媽。

緹安娜拉高嗓門說：「什麼叫不在妳那裡？」我看向凱文，他的表情閃過一絲恐慌，意思是拜託我不要說出去，我回答：「丟掉了。」她高聲吼叫說：「什麼時候丟的？」緹安娜走進廚房衝到我面前，大叫：「出去！你們全都給我出去！出去！」

緹安娜扯著我的手臂，把我拖出廚房，繞到側邊院子的一排垃圾桶。但丁、西法和凱文也走過來，強尼緊跟在後。那天下午是陰天，我光著腳踩在冷冷的混凝土地面上，西法、凱文和但丁都將雙手插進口袋裡。

緹安娜打開其中一個垃圾桶的蓋子，尖叫著說：「妳現在給我找出來！」我慢慢翻著垃圾，拿開一層又一層的垃圾信件，還有空的食物容器。她在我耳邊大吼：「丟掉了是吧？要是真丟的了，就一定找得出來。」我一聲不吭地翻找垃圾，內心的羞憤越演越烈，我的計畫明明剛有進展，才摸到自由的邊緣，卻因為誤信但丁而自毀前程，我親手把一切都毀了。當翻到第一個垃圾桶的底部，但丁說話了。

「好啦，好啦，她沒扔掉，在我這裡，我幫她保管。」

「什麼？」緹安娜簡直氣炸了。

「在我這裡。」但丁又覆誦了一次：「我幫她保管。」

「你們幾個老是私底下嘀嘀咕咕！我就知道。」

凱文的眼睛往下看，一副快哭出來的樣子，但丁表情則非常麻木。這時強尼小聲說：「進去，你們全部進屋去。」十分鐘後，背包又回到我的肩上，三個男生則抱著一疊百科全書。但丁、西法、凱文和我，全都排成一排面壁罰站。

隔天早上吃完早餐，強尼叫凱文留在家裡，不準他去上學，要我們四個坐在廚房餐桌旁邊，並在每個人面前放一張白紙和筆。當時我們四個還在氣頭上，彼此互相責怪。強尼說：「把你們的餿主意統統寫下來，越誠實對自己越好。」

強尼知道該怎麼利用恐懼與絕望來羞辱人，奪走我們一點點累積起來的秘密，摧毀彼此取暖的避難所。他一邊奚落我們，一邊繞著廚房走：「你們幹的那些好事，我已經有所耳聞。難道你們以為四個人都會保守秘密、都值得信賴？」我斜睨但丁一眼，早就知道他會闖禍，為什麼要坦誠日記的下落？為什麼不讓我翻完其他垃圾桶？

我分析眼下局面，靜心思考最好的策略。我知道許多但丁和凱文的秘密，他們卻沒什麼我的把柄，於是寫道：

我們一逮到機會就聊天，還會互傳紙條，就藏在書架上。但丁一直想辦法跟我們一起逃跑。凱文跟但丁會偷喝強尼的卡瓦酒，趁沒人看見的時候偷喝幾杯，都喝茫了。

他們兩個確實不只一次偷喝卡瓦酒，而且西法有個念狄克西高中的女朋友，等女朋友放學後，他們會親熱到三更半夜，西法不久後就要參加教會的志工團，現在不是約會的好時機，如果讓席爾夫婦知道就慘了。

此外，我還知道什麼會讓強尼與緹安娜最生氣，那就是我們對小女兒葛蕾絲的看法。葛蕾絲非常沒規矩，對我們講話很沒禮貌，偏偏強尼最疼最寵的就是她。凱文和但丁私下會說葛蕾絲的壞話並取笑她，還會幻想她身上發生各種爛事。

我寫完後放下鉛筆，一種複雜的感覺橫掃全身，其中揉雜著釋然和淡漠。我洩漏了其他人的秘密，出賣但丁跟凱文。我雖然想關心他們，但為了活下去，真的別無他法。

強尼拿起我們每個人寫的東西，不帶一絲表情地默默閱讀。他看完後把紙張放在櫃檯上，指著但丁跟凱文說：「你們兩個跟我走。」強尼帶他們到車庫，我在客廳聽見強尼大吼，凱文哭著求饒，但丁則完全不吭聲。不時可以聽見拳頭打在肉體上，以及身體摔在一堆運動器材上的聲音。凱文開始啜泣，好像要哭到天荒地老，我覺得心裡涼涼的。隔天，他們被罰拿一疊百科全書面壁罰站。

我生性習慣跟著感覺走，也不時為此惹上麻煩，但最令我難受的是，即使向強尼與緹安娜屈服，內心也毫無波瀾，彷彿所有情緒都隨空蒸發。我招供了、我聽見車庫傳出毆打聲、我看見他們捧著百科全書面壁、我出賣但丁跟凱文。然而，這一切只讓我感受到如釋重負。先前為了擺脫背包酷刑而出賣怡菲，換來的也是釋然的感覺。

我是不是變了？變得跟那些對我視而不見的人一樣？跟那些眼睜睜看強尼痛揍我，卻不發一語的人一樣？但丁跟凱文正在承受我受過的苦，而我什麼也沒做，什麼都不說。

由於我坦白招供，席爾夫婦甚至給予獎勵，但這只讓我更難堪。凱文跟但丁站在牆邊，重心在雙腳移來移去，我卻可以坐在客廳地板上看電視。到了晚上，有時候緹安娜會叫我幫她揉腳，我為了取得他們的喜愛，很樂意配合。我期望能過上平靜的日子，而順著他們的意思，大多時候的確可以和平無事。只要乖乖祈禱、讀經、打掃房子、準時張羅孩子們上學，日子就會風平浪靜。我可以上教堂、煮晚餐，最後過上正常的日子，這就是強尼跟緹安娜一直灌輸我的想法：照著計畫走，一切就會很美好。

然而，即便如此有時也難逃過往的酷刑。只因地板沒拖乾淨，就會被強尼罰面壁思過，我知道他其實純粹想整人。有時候緹安娜上班太累，回家後會先對我發一頓脾氣，後來又會後悔地給予擁抱，我就這麼順著她。她有時會說：「我愛妳，艾莉克西，我把妳當成親生女兒。」這話令我不寒而慄，但的確是真話。

我常常問自己，為什麼不直接走出大門？強尼與緹安娜再怎麼強大，也無法一次攔住三個人，只要至少有個人能逃出去、找人求救，說不定所有事情就能迎刃而解。但當時我已經跟家人朋友分開五個月，認為外面沒有一個人會伸出援手。如果想離開，必須先偷一部車，搞清楚聖喬治的路線，才可能順利脫逃。但就算成功又怎麼樣？我能逃到哪裡去？我們能逃到哪裡去？

我住進席爾家之前，西法逃跑過一次。他每天都要到聖喬治的一家巧克力工廠上班，那家工廠的老闆也是教會的人。西法整天站在工廠裡做巧克力，一部分的薪水給強尼跟緹安娜，另一部分存起來當傳教志工團的花費。有一天，他午休時間離開工廠，到聖喬治閒晃了好幾個小時，在毫無分文的情況下一路步行，但也不知道要去哪。那天晚上，大祭司找到他並帶回席爾家，他便一直定居到前往墨西哥傳教為止。

凱文也逃跑過一次。二月的某一天，席爾夫婦開始叫他面壁罰站，兩個禮拜過後，他放學之後就沒再回來，我猜他應該是從斯諾峽谷往市區前行，但一個下午能走多遠？席爾夫婦在教會有個警察的朋友，開著警車去把凱文抓回來。從此之後，席爾夫婦更加嚴格地限制他的行動。我猜再過個幾年，凱文可能會在聖喬治的雜貨店工作，兩手各拿一加侖的牛奶去餵飽席爾家的人。

但丁已經年滿十八歲，席爾夫婦其實不能強迫他住在這裡。他比凱文和西法更有膽識，見過的世面也比較多，至少知道灰狗巴士的車站在哪裡。他面壁站了幾天後，默默思考下一步該怎麼走。也許對他來說，與其接受這種治療，還不如無家可歸。某天我們醒來之後，發現他直接消失不見，席爾夫婦始終一聲不吭。幾個月後，我上網尋找他的下落，看到一篇報導，標題是〈少年偷車誤撞商店〉，嫌犯的照片正是但丁，淡淡的眼睛、英俊的面容，以及依舊囂張的氣息。

碰上這些事情後我漸漸發現，但丁和我這樣的LGBT孩子，比異性戀孩子更容易交由國家收容。根據統計，由司法體系接管的未成年孩子，一三%到一五%是LGBT，該比例幾乎是LGBT人口佔美國總人口比例的兩倍⓫。

為什麼這麼多LGBT的人會被送往寄養機構、治療中心、政府經營的收容所、集體收容所，甚至是監獄？為什麼那麼多無家可歸的孩子都是LGBT？實際上，無家可歸的青少年中，二〇%至四〇%的人是同性戀，在這些青少年中，三九%的人表示自己被逐出家門，四五%的人曾遭到執法機關或未成年司法體系取締。也就是說，成千上萬名夜宿猶他州街頭或橋下的青少年中，至少有半數是LGBT，而且大部分來自摩門教家庭。

許多專家認為，同性戀孩子因為性傾向，而與家人發生衝突或被排斥，進而罹患憂鬱症，因此吸毒、酗酒的的機率更高。而那些被趕出家門、找不到合適住所的孩子，極可能為了生活而犯罪，例如偷竊、賣淫等等。此外，在學校遭受霸凌的LGBT孩子，可能因蹺課而逃學，或是因反擊而被指控侵犯人身自由或妨害治安。

研究結果顯示，ＬＧＢＴ孩子更有可能被警方列為少年犯，拘留或坐牢的機率比異性戀少年高出許多。而且，同性戀少年在拘留期間，遭受肢體暴力與性暴力的機率更大，獲釋後也較不容易完成學業，難以過上理想的生活。

我無法代表每個同性戀少年，但知道自己唯一的心願就是回家。縱使爸媽把我送到席爾家，對我的遭遇置若罔聞、不肯相救，我還是想回家與家人團聚。無論孩子的行為多脫序荒唐，想家仍然是基本的欲望，就跟吃飯、睡覺、呼吸一樣。老實說，擁有溫暖的家，並對家人許下承諾，就是我們擁有最美好的東西，即使犯錯或是希望落空，也不會改變。

家的概念是我們具備最美好的東西，有時甚至可說是唯一擁有的東西，這種感情一旦破滅，我們也許會四處遊蕩，或是尋找到不錯的歸宿，但破碎的內心不會癒合，傷口將讓我們焦躁不安，無論到哪都無法取回真正的寧靜。

⓫ 卡塔詠・馬吉德（Katayoon Majd）、喬迪・馬克斯蒙（Jody Marksamer）、卡羅琳・雷耶斯（Carolyn Reyes），〈隱藏的不公：少年法庭中的ＬＧＢＴ〉（*Hidden Injustice: Lesbian, Gay, Bisexual, and Transgender Youth in Juvenile Courts*）

第3章

我要說出我是誰，
要向不公義「說不！」

13

回歸校園，看見黑暗中的一線曙光

我最大的心願就是回家，也很想回學校念書，席爾夫婦幫我在一家特殊學校註冊，因為她覺得我還沒做好到正規學校上學的準備，而且不值得信任。我比較適合照顧孩子、洗衣、燒飯、打掃，每天在日復一日的無聊中煎熬。不過我一再討好席爾夫婦，配合他們的規矩，她開始有所動搖。到了三月，她便同意讓我到斯諾峽谷高中註冊。

斯諾峽谷高中的校園很大，後方有足球場、棒球場和田徑場，校園北端則是美國未來農民會大樓，還有耶穌基督後期聖徒教會學院大樓，我們從停車場越過草坪，走向玻璃帷幕的行政大樓，我心裡既興奮又緊張，緹安娜說：「妳不要忘了，我們認識這裡所有老師跟行政人員。」那種熟悉的恐懼再次刺痛我的心。果不其然，她一打開辦公室的門，學校的員工跟老師都親暱地跟她打招呼，而且校長是席爾家的鄰居，也是同一所教堂的會眾。她對辦公室裡的人說：「這位是艾莉克絲，我陪她來辦理入學的手續。」

某位負責行政工作的女士，把一疊文件放在櫃檯上。我想起爸媽當初帶我來猶他州時，也簽署了一份允許席爾夫婦照顧我的授權書。不過，由於我超過十四歲，猶他州政府要求我必須在另一種表格上簽名，才能授權席爾夫婦成為我的合法監護人。之前我本來堅持不簽名，並跟媽媽在電話中哭哭啼啼很久，最後還是選擇讓步。結果，我將表格簽好交給區公所後，席爾夫婦還是把我留在家裡好幾個月，不讓我上學。

我忍不住環顧學校辦公室的四周，想找出一個看起來友善的人求助，但先前失敗的逃跑經驗告訴我，應該每個人都站在席爾夫婦這邊。於是，我決定低調一點，以免重回面壁罰站的日子，喪失好不容易可以上學的機會。我大概花了四十五分鐘才填完一大堆表格，接著緹安娜又帶我到商店買幾樣上學會用到的東西。

自從住進席爾家後，我就一直穿著長裙和特大號的廉價二手T恤，但去學校之後不能再穿這些。緹安娜幫我挑了一件牛仔褲、兩件T恤和一個新的背包。這不是故意裝滿石頭的黑色尼龍包，而是一個上學用的背包。

打從我住進席爾家，這是我心中第一次燃起一絲希望，雖然這種感覺讓我感到緊張，但還是任由希望發酵。不過，我內心始終害怕一不小心就得罪席爾夫婦，失去上學的機會。

上學第一天，我一隻手牢牢抓著寫有地質學、英文、動物科學、數學、烹飪課的課表，並把背包背在肩上，感受熟悉的重量，同時也感到一陣恐慌。我深吸一口氣，忐忑地踏入地質學課的教室，告訴自己：「即使內心怕得要命，也一定要勇敢擺出微笑。」

我在教室的最後一排找到位子，坐在我前面的男生轉過頭來。從外表可以看得出來，他是個標準的摩門教孩子，擁有金髮碧眼，將身上的條紋馬球衫塞進Levi's牛仔褲裡，再繫上一條皮帶，外表打理得整整齊齊。他友善地伸手問候我。

「嗨，我叫史班塞，妳叫什麼名字？」

「我叫艾莉克絲。」

「妳是摩門教徒嗎？」

「對。」

「妳剛到這裡嗎？」

「對。」

「那妳應該到我家，我們家下禮拜一要辦家庭之夜。」

由於教會領袖鼓勵每個摩門家庭舉行家庭之夜，席爾家每逢週一晚上也會舉辦，多年來從未間斷，他們會在廚房餐桌旁講道，結束後是甜點時間。我被史班塞突如其來的邀請嚇了一大跳，不確定他是純粹友善，還是對我有意思。我知道席爾夫婦不太可能允許我出門，但史班塞是**男生**，如果把他帶到席爾家的家庭之夜，便可證明我聽從他們的教誨，已經稍有改變。於是，我用溫暖友善的目光看向史班塞，稍微歪著頭說：「你到我們家辦的家庭之夜好不好？」

對於失去自由很久的人來說，重獲自由反而會感到不安。剛開學這幾天，我走在斯諾峽谷高中的走廊上，覺得壓力很大，甚至有點危險。我只想保持低調，努力融入其他人，不要引人注意。

實際上，這一套在大多數課堂上都管用，除了烹飪課以外。天底下沒有一件事、沒有一個人，能逃過傑森・奧斯曼斯基的法眼。傑森頂著一頭紅髮，身材瘦瘦長長，背包上裝飾著一個顯眼的彩虹裝飾圖案，有時候也會帶手提包上學，或者是擦唇蜜。他是同性戀，而且根本不怕別人知道。我很想避開他，但才開學幾天，烹飪課老師就把我跟他分配在同一桌。課堂一開始，他沒說話，只是仔細打量著我，眼裡盡是淘氣。

「妳是新來的嗎？」

「是的。」

「妳叫什麼名字？」

「艾莉克絲。」

「艾莉克絲，我叫傑森。妳從哪裡來？」

「加州。」

「我們可以常常聊天，妳的手機號碼幾號？」

「我沒有在用手機。」

「妳沒有手機？」

「沒有。」

有一天，我們正在做布朗尼蛋糕要用的巧克力，我拿著木頭湯匙在鍋中攪拌，傑森問我：「艾莉克絲，妳有沒有臉書？」傑森每天都會在課堂上拋來幾句話，我越是有所保留，他就越好奇，而且似乎察覺到我很想要卻又懼怕跟他說話的心情，所以更是不停追問。

「我們應該一起出去玩，我能不能去妳家？」

「不行，我們家人太多。」

「這樣啊，那還是妳到我家來。」

「不行。」

「艾莉克絲，妳有男朋友嗎？」

「沒有。」

「那妳有**女朋友**嗎？」

「沒有。」我猛吸一口氣。

「午餐時間有人跟妳一起吃嗎？」

「沒有。」

「好，今天午餐時間就跟我一起吃。妳放學以後跟我走，我要介紹妳認識一個人，她是斯諾峽谷高中最讚的老師，同時也是同直聯盟⓬的顧問。順帶一提，我是同直聯盟的主席。」

放學後，傑森帶我到黛西・尼爾森的教室，一打開門，映入眼簾的是貼在牆上的標語：「我們是人類，還是舞者？⓭」教室裡站著身穿背心裙跟涼鞋的黛西・尼爾森，她將及肩的

⓬ Gay-Straight Alliance，全稱為同志與非同志聯盟，為北美洲高中與大學的的學生社團，旨在為LGBT與其朋友創造友善、性別平等與安全的校園環境。

⓭ 源自於美國「殺手樂團」（The Killers）〈生而為人〉（Human）中的一段歌詞：「Are we human?Or are we dancer?」

棕色長髮打理得很好看，塗著粉紅色指甲油，棕色的眼睛散發暖意，整個人有種開朗寬厚的氣質。傑森介紹我說：「黛西，這位是我的朋友艾莉克絲，她是新來的學生。」黛西走向前握住我的手說：「艾莉克絲，很高興認識妳。」接著轉頭對傑森說：「對了傑森，我有一件事要告訴你，我花園裡的小妖精又出來了。」

我抬頭望著教室牆上的其他標語：「我野蠻喊叫，衝破世界的屋頂。⓮」、「到最後，唯一重要的只有善良。⓯」在斯諾峽谷高中，感覺只有這個地方，能讓那些不一樣的孩子，以及具有藝術氣質的棄兒，享有一個小小的避風港。每天午餐時間，黛西都會待在這間教室，為了讓這些孩子有地方去。

黛西是辯論社的老師，傑森是她的指導學生。此外，黛西是學校環保社團「PEACE社團」的顧問，帶領學生打掃校園，或是到她丈夫葛登工作的國家公園校外教學（葛登是國家公園的接駁車駕駛）。順帶一提，PEACE社團的名稱取自於「保護地球每一個層面」（Protecting Every Aspect Concerning Earth）的字首縮寫。

我趁黛西跟傑森聊天時，在教室走來走去，吸收俏皮與嚴肅兼具的氣氛。牆上有齊柏林飛船（Led Zeppelin）與披頭四（The Beatles）的歌詞，還有一個大大的佈告欄，上面貼滿學生畫的樹木，每棵樹木都代表創作它的學生，擁有五花八門的顏色跟樣貌。

黛西書架上放著約十二本艾利・魏瑟爾⓰的《夜》，還有《梅岡城故事》⓱，教室的正前方有個文件櫃，貼著一張方形藍色貼紙，上面有個黃色等號⓲，每個學生都看得見。午餐時間結束的鐘聲響起，黛西對著站在教室另一頭的我說：「艾莉克絲，想來就隨時過來，要不要參加辯論社？」

下個星期一的晚上，史班塞到席爾家參加家庭之夜。在那之後，我希望能透過自己的良好表現打動席爾夫婦，讓他們答應我在放學後參加辯論社活動。他們答應了，也許是因為我帶史班塞回家，也許是因為願意配合他們家的規矩乖乖治療，也許是因為刻意跟緹安娜拉近距離，也許他們只是對我越來越不耐煩，希望我不要常待在家。無論出於什麼原因，我只想

⓮ 源自於美國詩人華特・惠特曼（Walt Whitman）詩作《草葉集》（*Leaves of Grass*）中的〈自我之歌〉（Song of Myself）：「I sound my barbaric yawp over the roofs of the world」

⓯ 源自於美國歌手珠兒（Jewel Kilcher）的歌曲〈手〉（Hands）中的一段歌詞：「In the end only kindness matters」

⓰ Elie Wiesel，一九八六年榮獲諾貝爾和平獎，他根據自身經驗寫下《夜》（*Un di Velt Hot Geshvign*），描述二次大戰期間在納粹集中營的種種境遇。

⓱ 《梅岡城故事》（*To Kill a Mockingbird*）由美國作家哈波・李（Harper Lee）所著，描述一位律師為遭受誣陷的黑人辯護，及其遭遇的種族歧視與社會問題。

⓲ 為美國非營利組織「人權戰線」（Human Rights Campaign）的官方標誌，該組織旨在倡導LGBT的權利及政治遊說。

把握任何能逃出去的空隙。

傑森跟我很快就成為好友，接下來幾個禮拜，他在烹飪課、午餐時間，還有辯論社的聚會上，跟我說了他的故事。我深刻感受到，傑森身為一名成長於聖喬治的同性戀，一路走來有多不容易。傑森的爸媽不是摩門教徒，本來住在拉斯維加斯，後來因為生活困苦而移居聖喬治，盼望能有新的開始。

有天烹飪課，我們把小熊軟糖放進鍋裡融化，傑森對我說：「大概在我七歲那年，某次在美南浸信會教會⑲上，牧師講道的主題是同性戀，以及同性戀有多邪惡，令我想起自己對朋友賈斯汀的情感。我不知該怎麼形容這種感覺，原本以為那份情感只是景仰，但正是那個牧師，讓我知道並正視同性戀這三個字。」

多年來，傑森默默與「自己可能是同性戀」的想法搏鬥，他說：「我每天都向上帝祈禱，拜託他把這個毛病拿走。結果上帝一直不理會，讓我很憂鬱。」

我想起自己七年級的時候，愛上管弦樂課的珊曼莎，那時候我躺在泳池邊，一直想握住她的手，卻又覺得一切很奇怪，但說不出哪裡不對勁。

某天午餐時間，傑森在黛西的教室裡對我說：「我當然也想過自殺，八年級的暑假結束之後，有天我真的不想活了，於是便點了幾根蠟燭，寫信跟媽媽道歉。」我聽他不帶情緒地說出這些話，彷彿已經講過無數次，彷彿這個故事值得或是必須說出來。不知為何，他的這番傾訴讓我感到很有安全感。傑森繼續說：「我拿著刀子準備割腕，突然想起媽媽若看到我的死狀，會受到多大的打擊。」

我的思緒飛回過去嗑藥的時空，那些想逃離一切的心情，以及多次的情緒起伏，是不是因為羞愧又困惑於自己喜歡女生？

傑森換了個姿勢，停下來喝了一口巧克力牛奶，接著說：「我打電話給我親戚的女朋友愛希麗，告訴她自己不知道怎麼辦才好，我覺得自己是同性戀，每天都高興不起來，簡直快憂鬱死了。結果她說：『傑森，你不需要難過。』」

他說這句話時，露出一個溫暖又深沉的微笑，我徹底領悟到這句話的暖意。而且，正是這句話讓傑森決心不再向爸媽隱瞞性向，而是希望得到認同，他渴望知道爸媽看見真正的自己後，會有何反應。十四歲那年，他找到一個同性戀線上支援團體，成員由較年長的同性戀組成，他們建議絕對要跟爸媽說，而且在公共場合說。

傑森笑著說：「有一天我跟爸媽去逛沃爾瑪超市（Walmart），決定坦白一切。我一直害怕地發抖，走到藥品區時，向工作人員拿了一張紙，在上面寫：『無論發生什麼事，你們

⓳ Southern Baptist Convention，簡稱SBC，美國最大的基督教新教教會。

都會愛我嗎？』寫完後拿給我媽看，她說：『當然是啊，怎麼了寶貝？』我接著寫：『我是同性戀』，遞給我媽看，然後我走到旁邊的走道，在睫毛膏區域前蹲下來，一邊哭一邊發抖。」傑森接著說：「我媽把我扶起來，擁抱著我。我們兩個都哭了。」

我回想起自己在爸媽房間脫口說出「我喜歡女生」時，當下處於戰鬥模式的我，是不是用尖銳的態度取代哭泣？媽媽失望的表情、心痛的說話聲，還有爸爸看著地面，不知該說什麼的模樣，一切都歷歷在目。

就傑森所知，他是斯諾峽谷高中唯一出櫃的十四歲同性戀，因而吃了不少苦頭。像是失去朋友、遭受霸凌，或是被人謾罵「死基佬」，甚至有人散播謠言說，只要觸碰到傑森的身體，就會變成同性戀。他曾經被推進衣物櫃，而老師只是袖手旁觀，還有些老師不相信他說的話，諷刺他是想引起注意才一派胡言。學校主任認為他一定會帶色情資料，於是擅自查看他的衣物櫃跟背包。校長還曾考慮叫他上體育課時，到另一個地方換衣服。

不過，還是有個教美國歷史的老師挺身捍衛正義。傑森說：「那些人捉弄我，叫我死基佬，雖然沒當著我的面叫，但刻意提高音量讓我聽見。那位老師說：『這裡是安全的地方，我不允許這間教室出現歧視行為，無論是不是開玩笑都一樣，誰要是再被我抓到有類似行為，學期成績就會自動不及格。』這是我第一次遇到幫同性戀孩子撐腰的老師，黛西是第二個。」

傑森是光明正大出櫃的少年，經過這些事之後，開始思考學校還有多少像他一樣的孩子，需要一個安全的地方。某天他一邊比劃自己身上的緊身上衣跟手提包，一邊說他是飛出櫃子，而他出櫃後，其他孩子開始會向他吐露心聲，他們都自稱是雙性戀，傑森過去也以為自己是雙性戀。這些孩子當中，多少人像以前的他一樣孤單、羞愧，甚至有自殺傾向？但他們往後再也不必孤單，因為擁有同陣線的戰友，得以熬過求學的歲月。

傑森聽說聖喬治有群學生想成立同直聯盟社團，於是決定也要在斯諾峽谷高中創立。幾年前，鹽湖城的高中生想創立猶他州第一個同直聯盟，沒想到州議會卻試圖從中阻擋。雖然州議會最後沒得逞，但還是通過一項法案，規定學生必須取得家長許可，才能加入該社團。同時，學校也有權取締他們認為會危害「教職員心理或道德健康」的社團。

二〇〇九年，一群聖喬治的學生開始籌備同直聯盟，當地有幾所高中的校方表示，同直聯盟有「不道德」的可能。某天午餐時間，傑森談論這件事情時，翻著白眼說：「把同性戀孩子推進櫃子裡，就絕對道德了嗎？」

聖喬治另一頭的狄克西高中，有位名叫貝塔妮・柯爾的異性戀女生想成立同直聯盟，校方表示必須取得三十名學生連署、多數教職員的同意票，以及學生會與校長一致同意，而且社團幹部得要簽署聲明書，保證不會提倡性行為。這些條件在聖喬治可不是件容易的事。

傑森在斯諾峽谷高中也遇到類似障礙，但沒有知難而退。他在一個午餐時間就拿到六十名學生連署，並在一週內跑遍每間教室，爭取每位老師的支持。黛西是傑森邀請的第三位老師，先前兩位有心幫忙，卻又擔心後患無窮，只有黛西毫不猶豫就一口答應擔任社團顧問。

另外，在沙漠山高中有位名為莎拉的女生，她為了成立同直聯盟社團而發送傳單，卻慘遭學校退學。跟她一起籌措社團的學生聯繫美國公民自由聯盟（American Civil Liberties Union，簡稱ACLU），美國公民自由聯盟指控沙漠山高中的校長，並要求校方讓同直聯盟跟其他社團一樣，只要填寫基本表格就可以加入。

聖喬治各地都有學生為了成立同直聯盟而戰，斯諾峽谷高中的學生能有黛西這個老師真的很幸運，她骨子裡那份勇氣和信念，來自於在保守摩門教家庭成長的經驗。

黛西的父母是極保守反共團體「伯區會社」（John Birch Society）的成員，她永遠記得六、七歲時，曾躡手躡腳地在樓梯間偷看爸媽召集大型會議，並發現與會的鄰居眼中存有一種恐懼，以及恐懼中的憎恨。她當下決定，以後不要跟這些人一樣。黛西在成長過程中，便如此目睹各種恐懼與嚴苛，隨著她逐漸長大，這些負面情感開始延伸到同性戀身上。

她的母親有位從高中就認識的朋友，兩人感情很好，婚禮時還邀請這位朋友參加。後來朋友因為結婚而搬家，好幾年都沒聯絡。某天，這位朋友剛好經過黛西家附近，順道前來拜訪，她牽著年幼兒子的手出現在家門口，黛西的母親卻叫她不要再來訪，並無情地把門關上。一切只因為她穿得像個男人，用現在的詞來說，應該是跨性別者。

黛西大學時代在模特兒經紀公司工作，幾乎所有同事都是男同志，其中最帥的模特兒跟另外一個模特兒交往，卻拜託黛西假裝是女友，陪他出席家庭聚會。此外，黛西過去有個交往多年的男友，他們的感情十分深厚，但男友有個無法對她說出口的心事，有一天這個祕密還是曝光了。某天她提早回家，看見男友跟另一個男人在她的公寓親吻。

她有一次對我說：「我們的文化都是秘密，整個城市充滿秘密，因為人們喜歡埋藏事情。」經過這些事後，黛西決定以另種方式生活，即使聽見不堪的秘密也不恐懼、不批評，而是伸出雙手擁抱。我非常欽佩她，也需要她幫忙。

我和傑森坐著聊天，他的勇氣跟故事深深激勵我，但同時也很失落，總覺得自己還有很長一段路要走，才能公開性傾向。正當我深陷不安時，傑森笑著說：「四月終於批准了同直聯盟的社團許可，妳剛好來得及加入。」

一直潛藏在我心裡的恐懼宣洩而出，我心想：「絕對不可能，席爾夫婦不可能允許我放學後留下來，參加同直聯盟的活動。」他們哪怕是聽見我跟傑森這樣的人往來，都可能不讓我繼續上學。我傾身向前，盡量對傑森展露最溫暖的微笑：「我也想參加，但是不行，不是因為不想，就是真的……不行。」

傑森臉上表情沒變，依然微笑著。我知道無論有沒有參加同直聯盟，自己仍有傑森與黛西這兩位堅強又忠實盟友。在傑森相伴之下，我的孤獨感下降許多，也改變對自身處境的看法。我一直以為席爾家在遙遠的郊區，某天午餐時間，傑森給我看Google地圖，才知道原來席爾家跟市區的距離比想像中近。此外，傑森也幫我在社交環境中找到方向，除了他以外，同直聯盟中有幾個學生已經出櫃。

有天烹飪課，我覺得讓傑森知道我的故事也無妨，應該說希望他能知道自己的事。我深吸一口氣說：「傑森，我有一件事情要告訴你。我是同性戀，而且有女朋友。」我話一說出口就停不下來：「我跟爸媽說有女朋友後，他們把我送到聖喬治，就是現在住的地方，真的爛透了。他們說為了治好我，必須參加團體治療課程，還得背著一個裝滿石頭的背包。而且那裡不只有我一個人，還有其他的年輕人。」

傑森聽聞後，表情冷靜不帶情緒。我接著說：「傑森，我不是要求救，而是需要幫忙。但你千萬不要打電話給兒童福利機構的人員，席爾夫婦認識很多人，那些人跟他們夫婦關係密切，不會相信我的話，而且如果被發現，可能再也不能來上學了。」

傑森開口說：「艾莉克絲，我們會救妳出去。第一，我有車子。她是一九九三年的褐紅色普利茅斯讚美（Plymouth Acclaim），名字叫天譴者吸血鬼婊子女王阿卡莎。第二，我還有律師。」

我的表情從微笑轉變為驚訝，傑森繼續說：「我的故事曾登上《紐約時報》，有位鹽湖城的律師看到後寫電子郵件給我，他說如果需要幫忙，願意免費協助，我覺得可以找他。」

我沒說話，思索著他的建議。想起小時候在電視上看到的律師，個個勇敢又聰明，挺身捍衛那些沒有聲音的人，我也曾懷抱律師夢。但是，現在會不會有人為我挺身而出？

「第三，我們今天就要告訴黛西。」傑森說完最後一個可以救我出去的資源。我下意識地回覆說：「傑森，我覺得我沒辦法。」雖然很想信任黛西，但實在不敢告訴她我的事情。沒想到兩天後的午餐時間，傑森就陪伴我，出現在她的教室裡。我們三個圍在教室前的桌子旁，而在教室的另一頭，傑森最好的朋友塔莉雅正在吃午餐。塔莉雅也是辯論社的成員，留著一頭短短的深色頭髮，身穿條紋T恤。LGBT圈內流傳一則笑話，女同志都喜歡穿條紋的衣服。

傑森率先開口：「黛西，艾莉克絲被送到聖喬治接受同性戀性傾向治療。她沒有跟家人住在一起，跟她同住的那些人好幾個月都不讓她去上學。我覺得她現在住在那裡一點都不安全。」

黛西點頭，沒有露出驚訝的神情，彷彿聽過同樣的故事。她在斯諾峽谷高中當了十三年的老師，確實聽過不少類似的故事，也因而成為許多孩子信賴的知己。傑森繼續說：「我覺得應該打電話給保羅。」

保羅就是那個看到《紐約時報》的報導之後，主動前來聯絡的律師。他任職的法律事務所在鹽湖城很有影響力，而且與摩門教會、猶他州保守派政治勢力交情深厚。這個事務所為人津津樂道的傳統之一是社會服務，但高級合夥人卻公然領導猶他州的反同性戀人權運動，推動禁止同性夫婦領養孩子的條款，並想關閉猶他州各高中的同直聯盟。

保羅不是摩門教徒，但他在鹽湖城長大，知道該怎麼與摩門教徒愉快相處。他在事務所努力工作多年，從小職員一路升上合夥人、大律師。我第一次打電話給他的時候，他的同事多半不知道他是同性戀。

一九九〇年代，當時保羅只是個年輕的法務職員，而事務所的高級合夥人正努力消滅各校的同直聯盟，爭議的焦點是位於鹽湖城東區某所高中的社團。由於學校正好在保羅從小生長的地方，他很想有所作為卻無能為力，這份無力感使他深刻明白，自己必須站上更好的位置，才有能力幫忙，現在他終於有能力了。

傑森拿出手機，從聯絡人名單中找到保羅，按下通話鍵，我的心臟因為緊張而撲通跳個不停。但知道自己需要幫忙，又幸運地有律師代為發聲，為我尋求正義，就像小時候愛看的法律電視影集。

在傑森撥號的期間，一個叫雪莉的女生走進教室，輕輕在塔莉雅旁邊坐下，靜靜吻了一下她的臉頰。雪莉跟塔莉雅已經交往三年，我看見如此簡單又甜蜜的畫面，感覺比較鎮定。

沒多久，電話接通了，傑森說：「嗨保羅，我是傑森。我認識一個叫艾莉克絲的女生，覺得她需要你的幫忙。」我拿著傑森遞過來的手機，緊張地說：「嗨，我是艾莉克絲。」

保羅在電話那端說：「艾莉克絲，我是鹽湖城的律師保羅・柏克。請妳跟我說說遇到的情況，有哪些地方需要幫忙？」我在傑森與黛西的陪伴之下，向保羅娓娓道至今的遭遇。我的心裡非常害怕，但還是說出來了，在傑森的友誼、黛西的教室中，久違地感受到什麼叫作安全的地方。在席爾家為自己打造出安全環境，幾乎是不可能的任務。

當時的我不知道，那時成功聯繫上保羅簡直是奇蹟。

我把一切告訴保羅，包括向爸媽出櫃、被送到席爾家、屢次逃跑失敗、沉重的石頭背包、面壁罰站，還有自殺獲救。保羅沒說什麼，但可以感覺到他很專心聆聽。說完之後，他總算開口：「艾莉克絲，我想當妳的律師，慈善性質的律師。」我不知道慈善性質是什麼意思，經過保羅解釋後才明白，簡單來說就是他願意免費當我的律師，我當下立刻答應。

「如果妳願意，我可以幫妳處理監護的問題，要讓席爾夫婦被起訴。」

「好，謝謝你。」

「艾莉克絲，一定要跟我說實話，妳在席爾家有沒有迫切的危險？」

我回想起強尼的火爆脾氣，以及隨時都可能回去面壁罰站的現況。不過從目前看來，一切似乎都很平靜。如果保羅為了打官司，需要時間做功課，我應該能再堅持一段時間。

「沒有，我現在很好。」

「如果妳有迫切危險，就不能繼續留在那裡。」

「不用，真的不用，現在很平靜。」

「我明天會聯繫幾個能幫忙的人。艾莉克絲，一定要堅持下去，我們會救妳出去。」

傑森幫我跟保羅約好明天午餐時間再通話，並讓我用他的手機打給怡菲。我一開口說我是誰，怡菲就開始哭泣。

「艾希利沒有放棄，她還在找妳，而且一直打電話告訴我最新的消息。」

「警察找過妳嗎？」

「還沒。艾莉克絲，我好害怕。」

我聽見她的聲音，不得不承認我們已經不同於往日，在分開的這段期間，各自經歷許多恐懼與不安，怎麼可能還保有昔日的感覺？但我仍舊想靠近她，想像自己緊緊貼著她的臉頰，輕輕擦去她滑下臉頰的淚水。

那天放學坐校車回席爾家的路上，我感到前所未有的害怕。萬一席爾夫婦發現怎麼辦？

我在每堂課都會遇到同教會的摩門教友，萬一有人發現我跟傑森是好朋友，或是看到我每次午餐時間都去黛西的教室報到，那該怎麼辦？只要有人跟席爾夫婦提起一個字，我就麻煩大了，不但無法再上學，還必須重回牆壁罰站，說不定會有更慘的遭遇。回到席爾家後，我默默把背包收起來，坐在沙發上的強尼吼道：「艾莉克西！妳該去拖廚房的地板。」

傑森後來告訴我，他之所以急著營救我出去，是因為在鹽湖城同志遊行的攤位上，聽見倖存下來的人，如何被性傾向改造團體治療。在每個故事裡，治療的招數都越演越烈，經常把人逼到受不了而逃跑，或是衍生出其他更慘的抵抗方式。

一九七〇年代，在楊百翰大學中，甚至有心理學家拿同性戀學生做電療實驗⑳，還有「治療師」讓同性戀者看同志的色情圖片，之後再傷害自己、催吐，認為這樣就可以讓他們將同性戀身份跟生病聯想在一起。

對於身在摩門教大本營的同性戀者來說，過去的處境格外不堪。摩門教會的先知斯賓塞・金博爾（Spencer Kimball）在其著作《寬恕的奇蹟》（*The Miracle of Forgiveness*）中，

---

⑳ 馬克斯・福特・麥克布萊德（Max Ford McBride）：〈視覺刺激在電療中的效果〉（Effects of Visual Stimuli in Electric Aversion Therapy）

形容同性戀是「違反自然的邪惡罪行」，與獸性只有一步之遙，但經過適當治療就可以治癒。傑森說，某位年輕男性摩門教傳教士，一聽見同伴自稱是同性戀，就揮拳將他打昏。一九七六年十月二日的大會演講上，摩門教的教會領袖博伊德．帕克針對此事，向全球的摩門教徒說：「總要有人出手。」

經過數十年，摩門教的領袖慢慢改變他們對於同性戀的用字遣詞，不再鼓吹向同性戀者施以肢體暴力，也不再將同性戀與獸性相提並論，至少不會在總會大會的講台上這麼說。但中心思想依然不變：「同性戀是種選擇，而且是可怕的罪行、嚴重精神疾病的徵兆，但這可以治療且改變。」總而言之，同性戀必須融入救恩計畫，才有可能擁有家庭，永遠與家人在天堂團聚。

包括大祭司在內，所有摩門教領袖都認為同性戀者要禱告、讀經，直到對同性再也沒有慾望，也有人認為最好的治療就是跟異性戀者結婚，而且截至目前為止，還有人如此提倡。直到現在，如果同性戀者想要談戀愛、結婚或組織家庭，都無法得到摩門教會內部的支援。

看見摩門教整體的形勢，就會知道為什麼有些家庭會把出櫃的孩子趕出家門，或是把孩子送去號稱可以改變性向的機構。傑森在他出櫃的過程中，與其他猶他州的同性戀居民（特別是摩門教徒）交談，很清楚這個形勢。他早已了解我現在才開始了解的事情：「我並不孤單，成千上萬個摩門教的同性戀孩子，曾經或正在經歷我正遭遇的困境。」

在思考這些事情時，我一邊拖廚房的地，一邊看著席爾家的孩子一個個放學回家，唯一的念頭就是保持低調、融入背景。對我來說，最重要的是努力讓席爾夫婦相信他們的治療非常有效，才能繼續上學。

站在傑森的立場，最重要的是把我救出去。他認識太多與我有類似遭遇的人，知道很多人脫離惡劣的環境後，也只剩半條命，很多人即使重獲自由，到頭來仍走向輕生一途。只要我一天不離開，處境就會更危險。

14

一天都不能再忍耐，絕對要逃走！

當時我不知道，傑森得知我在席爾家的處境後，馬上有一群人展開行動想救我出去。每天烹飪課或放學後的辯論社時間，傑森都會傳授他的「同性戀概論」，讓我了解猶他州同性戀應該懂的事，並帶我認識之前沒見過的夥伴。

傑森說：「聖喬治也有同性戀，每個月的其中一個星期二會召開同志家屬親友會㉑。妳可以跟我一起來。」我皺了一下鼻子，心想席爾夫婦是不可能答應的。傑森笑著繼續說：「斯諾峽谷高中也有同性戀學生。我、塔莉雅、雪莉……」他一邊說著三個名字，一邊舉起三根手指，接著又舉起第四根手指，臉上浮現淘氣的微笑，低聲在我身旁說：「還有妳。」

他繼續喋喋不休地說著同性戀、雙性戀，以及還在摸索自身性向的人名：「妳知道亞倫嗎？留著龐克頭的那個學生，他也是同性戀。」數著數著，他很快就舉起兩隻手的十根指頭。我把那些名字跟曾在走廊看見的臉龐聯想在一起，他們有的人穿著超緊緊身褲，有的人一直背著背包，有的人讓頭髮垂下來蓋住臉。斯諾峽谷高中裡，幾乎所有學生都像史班塞一樣是外表整齊的摩門教徒，乍看之下很類似。在這個環境下，絕對少數的同性戀學生仍舊默默地彼此照應。

傑森開始跟少數幾個他信任的同性戀學生說起我的事，而且要我每天中午打電話跟保羅報到，從第一通電話開始，保羅就很重視我的遭遇，他身為在猶他州長大的同性戀者，知道這裡的人對同性戀有哪些偏見，以及為何像我一樣的事件層出不窮。他很想盡一份心力，為世界各地的LGBT創造更好的環境。

我當時不知道，保羅想幫忙還有另一個私人理由。在承接我的案子之前，他的兄弟麥特才剛過世。麥特是外科醫師，同時也是功績卓著的軍官，兄弟倆年紀相差兩歲，感情非常好，甚至進入同所大學攻讀學位。更重要的是，他是全家第一個得知保羅性向的人。

麥特在伊拉克服完役後回到家鄉，與妻子生了一個女兒。某天，他在值勤時間進行體能訓練，跟一群人騎單車健身，沒想到被一位技術拙劣的駕駛開車猛撞。保羅接到我的電話時，麥特的葬禮剛造一段落，他正準備回到工作崗位。

㉑ Parents and Friends of Lesbians and Gays，簡稱PFLAG。

保羅結束跟我的第一次通話後，馬上打電話給一位立場較保守的高級合夥人。他邊演練著自己的說辭，邊在心中思索一個問題：「**我們的事務所會幫助受虐的孩子，還是把她推給其他人？**」幸好同事沒有公開反對，甚至給予支持。

保羅接著聯繫國家兒童福利機構，以及同志人權組織。他知道我的案子很複雜，除了牽涉到監護權問題，也許還要向席爾夫婦提起刑事訴訟，他需要專家指點。他聯絡的每一個人，聽見我的故事後都有相同反應，他們感到相到震驚，也非常擔心我的生命安全。

保羅最先聯繫國家女同性戀權利中心（National Center for Lesbian Rights，簡稱NCLR）的執行長凱特・坎道爾。凱特一口答應要幫忙，並介紹保羅幾位專門處理類似案件的法律專家。權利中心的法務主管夏儂・敏特研究過LGBT孩子的心理健康，他再三強調，在這種情況下，我的自殺風險很高。因為我輕生過一次，很有可能會再試一次，所以保羅必須要在解決問題的過程中，鼓勵我不要失去希望。

夏儂照顧過被送到猶他州改造治療中心的同性戀孩子，該中心在洛杉磯等大城市舉行研討會，吸引著急的家長報名，甚至教他們申請政府補助，以支付治療中心的費用。但一個又一個案例證實，治療只會讓情況更糟。

即使家人是好意，但把孩子送去治療中心，等於斬斷親子間的基本關係，孩子只會覺得被拋棄和孤立，認為自己很失敗。許多孩子會逃離治療中心，有些人無家可歸，有些人自殺未遂，有人自殺成功。

保羅跟夏儂談過之後，對當時的情況有不同看法，他覺得我面臨生死關頭。每個跟他談過的人，都說我只要一天不離開席爾家，就會有更高的機率自殺。全美各地的兒童福利與同志人權專家，都力勸保羅盡快救我出去，而且還要離開猶他州，有人甚至建議他直接安排我搭下一班公車回加州，因為加州的司法體系對我來說勝算較大。幾乎沒人認為像我這樣的兒童福利或司法案件，在猶他州的法庭上會有好結果，而這些話都讓保羅感到非常沉重。

第二次跟保羅聯繫時，他的同事布列特・托曼也加入其中。布列特是美國聯邦檢察官，經手過伊莉莎白・史馬特的綁架案㉒。伊莉莎白的和我的案子有個共通點，施暴的人都拿宗教當作情緒與肉體虐待的藉口。布列特還發現，席爾夫婦的控制招數跟挾持伊莉莎白的人類似。

布列特與保羅聯繫幾位熟悉猶他州兒童福利與司法體系的專業人士，想知道這兩種體系當中，哪些人對LGBT比較友善或願意幫忙。我懇求保羅：「不能請媒體幫忙嗎？」如果

㉒ 二〇〇二年，十四歲的伊莉莎白・史馬特（Elizabeth Smart）在睡夢中被布萊恩・米切爾（Brian Mitchell）綁架，並被米切爾與其妻巴爾茲（Wanda Barzee）囚禁於森林小屋內，時間長達九個月，其間遭受性侵與虐待。

新聞台的攝影機對準席爾家，我說不定就能更早離開。

但保羅知道，我的故事會很轟動，一旦變成眾所矚目的焦點，不但不會更輕鬆，反而可能更棘手、複雜。如果想在猶他州的司法體系取勝，從長遠利益來看，一定要思考清楚並小心謹慎。若事態真的糟糕到必須求助媒體，保羅也會事先做好準備。幸好那天始終沒有來。

除此之外，黛西也絞盡腦汁想幫忙，她覺得我們需要蒐集證據，於是利用某天中午的聚餐時間，上網尋找密錄器與麥克風，她還勸我把日記帶到學校，放在她的文件櫃保管。我與保羅第一次通電話後的幾天，黛西甚至握著我的手提議：「艾莉克絲，我跟戈登談過了，希望妳搬過來跟我們一起住。」在向保羅表明這項計畫後，他表示監護權的問題必須上法院處理。保羅說：「艾莉克絲，妳現在只要平靜生活就好，我們會想辦法盡快救妳出去。」可惜對我來說，盡快還是不夠快，我只能一天撐過一天。

我在斯諾峽谷高中結交的新朋友，給我美好的希望，從踏進猶他州到現在，第一次能接觸席爾家之外的世界，有人看見我、聽見我的聲音。然而，我在席爾家的生活並沒有改變，幾個月來背著背包、面壁罰站，在心上烙下的深沉悲傷與失落並沒有消失，與爸媽的關係也沒有改善，一了百了的念頭依然時時湧上心頭。

我知道自己如果要活下去，必須找到力量，繼續演好該演的戲，包括積極參加小組聚會、上教會、打理家務、煮飯、上學，而且不能埋怨，絲毫不能提到傑森、黛西和保羅。只要一個小小的錯誤，我脆弱的新世界就會全面崩塌。

結果就真的崩塌了，的確是因為一個小小的錯誤。我在午餐時間跟保羅商量接下來該怎麼做，說著說著忘了時間。那天星期三，剛過完復活節，我顧著跟保羅通話，沒留意到時間，連黛西也沒注意到。當午休結束的鐘聲響起，大家才發現時間不早了。我掛斷電話抓起背包，跑向校園另一頭的動物科學課，當我坐上座位，已經遲到四分鐘。

我並不知道，學校每個禮拜都會打電話給席爾夫婦，那天校方告知我遲到的消息。當週的星期六晚上，我洗完晚餐的碗盤，席爾夫婦叫全部的人一起坐在廚房餐桌旁邊，包括我跟西法在內。我知道自己要倒楣了。

強尼交錯著雙手的手指，緩緩地開口說：「你們都知道，我們認識這裡全部的人，一有什麼事情，大家都會告訴我們。」他凝視著坐在桌邊的我們，一個看過一個。緹安娜此時插話：「什麼事情都別想瞞過我們。」強尼的手指敲著桌面：「好了，你們有沒有什麼事要告訴我們？」

席爾家的孩子們坐在椅子上動來動去，一副不安的樣子。西法與凱文低頭盯著桌面，歷經二月的背叛，我們再也不相信誰會保守秘密。我一個字都不敢吐出來，胃一陣絞痛，萬一席爾夫婦發現傑森、黛西和保羅正在幫我，一切就完蛋了。強尼就這樣讓我們默默坐著，區區幾分鐘就跟幾小時一樣漫長。

他好不容易才打破沉默，第一句話就說：「艾莉克絲，我們接到學校的電話，是跟妳有關。」我聽聞後脈搏加速，一顆心直往下沉。他們刻意不說學校打電話來是因為遲到，而是像擠牙膏一樣只透露一點點，這樣主導權就在他們手上，還能讓我們怕得要死。我告訴自己：「一個字都不能說，一個字都不能說，一個字都不能說。」

緹安娜說：「我們顯然不能指望妳會好好上學，星期一我們就幫妳辦休學。」強尼接著說：「今天晚上回去面壁，背上妳的背包。」黑色尼龍背帶套上肩膀的那刻，肩頸過往的疼痛又盡數回歸，黑暗的無助感再度襲上心頭。整個星期天我都在面壁罰站，回想幾個月來費盡力氣才換取的片刻自由，如今一切努力都是白費。我開始後悔向傑森與黛西坦承一切，甚至後悔去上學，懊悔自己把一切搞砸。

星期一我繼續面壁，一想到接下來不知會怎樣，心中感到無限恐慌。那天晚上，當地的摩門教傳教士在席爾家參加家庭之夜，一同共進晚餐。這群傳教士看見我站在牆邊，和過去一樣一句話都不說，我又變成隱形人，沒有人會伸出援手。

星期二早上醒來後，我背上背包，一心只想尋求解脫，覺得自己大概會自殺。我思考著各種選項，想起傑森說過的自殺經驗，他說本來要割腕，後來選擇作罷，因為不想讓媽媽看見他割腕死亡的模樣。我腦中浮現傑森在斯諾峽谷高中像慈母一樣照顧我，以及那雙淘氣的眼睛，不禁露出微笑，但接著襲捲而來的是絕望，我再也見不到他和黛西了。

想起上次面壁罰站時，就算想逃也沒地方可去、沒人能夠投靠。從超市的陌生人，到摩門教傳教士與教會的會眾，他們不是對我視而不見，就是站在席爾家這邊。但我轉念一想，發覺這次不一樣。這次有傑森、保羅還有黛西幫忙，只要到學校他們就能救我，也許可以想出逃走的辦法，並成功逃脫。

我熬過下午的面壁，一直數著數字以維持意識，思考該怎麼製造逃跑機會。我沒辦法穿過客廳從車庫離開，前門的聲響太大，可能會吵醒強尼。另一條路是廚房通往側院的玻璃拉門，但開門時上面的百葉窗會咯咯作響，不過只要夠小心，說不定可以降低音量。

席爾家的孩子們放學回到家，寫功課的寫功課，打電玩的打電玩，沒人對我說話。我在牆邊吃完晚餐，晚飯後暫時離開去洗碗，接著又回到牆邊。夜晚，孩子們一一上床睡覺，強尼拿馬克杯裝滿卡瓦酒，坐在沙發上打電玩，他抓著電玩把手不放，把客廳弄得全是砲火聲，只有補充卡瓦酒時才會放下把手。電玩聲總算平靜下來，客廳沙發傳來強尼安穩的呼吸聲，我回頭望了望，微波爐的時鐘顯示凌晨四點半。

我心想：「夠了，一天都不能再忍，我等的就是這一刻。」於是我放下背包、離開牆邊，往廚房的拉門走去。強尼還在睡覺，只與我相隔幾公尺的距離，我的手伸向廚房拉門的把手，這是我做過最恐怖的事情。

我的人字拖在拉門旁邊，我把它抓在手上但沒有穿上。從側院到街上需要經過一段石頭步道，穿上拖鞋會發出聲響。我閉上眼睛緊握鞋子，屏住呼吸、拉開門栓，再把門拉開一道開口，拉門在軌道上滑動，一點聲響也沒有。

我慢慢走在石頭步道上，每踏一步都小心翼翼，祈禱不會發出聲音。我好不容易穿過側院走到街上，害怕到不敢回頭望，只能全神貫注地盡量遠離席爾家，接著光腳在黑色的柏油路上一路狂奔。我經過席爾家鄰居和教友的家，路過一盞又一盞亮著的陽台燈，通過一處又一處精心整理的花園，但絕對不能停下來，也不能跟任何人求救，因為他們一定會站在席爾夫婦那一邊。

我距離校車的車站越來越近，於是決定暫時停下來休息。如果席爾夫婦要抓我回去，第一個來的地方恐怕就是這裡。我絕不能停在這裡，於是繼續往前跑。

每次有車子經過，我就暫停下來慢慢走，或是躲進附近庭院的灌木叢裡，抵達公車站後，才穿上人字拖，蹲在草叢中盡量隱藏自己。那時是清晨時分，公車還要一段時間才會來，車站位於乾燥的河床岸邊，冷風從河床吹來，穿著開襟羊毛衫的我忍不住顫抖。不遠處有個漂亮的白色房子，台階前圍繞著玫瑰花，陽台的燈光在清晨發出燦爛光芒。我覺得好冷，好想進去屋裡避寒，卻只能蹲在草叢堆裡。我焦慮到胃痛，腦袋快速運轉，恐慌地想：「萬一被席爾夫婦找到怎麼辦？該怎麼跟他們說？又該怎麼脫身？」我想破頭卻無計可施，只知道自己一定要到學校去，這次絕對要成功。

沙漠東方邊緣的天空開始變色，我每次聽見汽車引擎轟隆聲逐漸靠近，便會陷入一時的恐慌，害怕被席爾夫婦發現後無處可逃。就在此時，早上第一班市區公車的車燈照亮山峰，我從暗處走到人行道的邊緣。

車門在我面前打開，我站在階梯底部但沒有上車，抬頭看著司機說：「我沒有錢，但一定要離開這裡。」淚水滾落臉頰，落入腳邊的紅土。公車燈光照在司機的後腦杓上，我看不見她的臉，只見她的鐵灰色頭髮往後梳成馬尾，聲音非常溫柔。

「小妹妹，要不要我幫妳報警？」

「不用，我只要到學校就好。」

「好，不會有事的，上車。」

公車上只有我跟司機兩個人，這是第一班公車，暖氣開得時間不夠久，還來不及驅走寒意。我坐在司機後面幾排的座位上，坐下之後才發現自己的腳趾已經喪失知覺，身上的牛仔褲、背心式上衣、開襟羊毛衫和人字拖，抵禦不了清晨的沙漠冷風。我顫抖著，不只是因為寒冷，還有恐懼。

紅岩沙漠與熔岩平原的景色在窗外快速流動，我知道自己越來越靠近斯諾峽谷高中，每靠近一分，就覺得心中多了一分勇氣。公車開至山頂，校園的燈光已被點亮，司機親切地對我說道：「我們到了，小妹妹妳這樣可以嗎？」我回答：「可以，謝謝妳。」聲音跟身體都在顫抖。

回想起從前幾次向陌生人求助的情景，無論是超市和足球賽上的陌生人、眼睜睜看我受苦的教友、看我面壁罰站的傳教士，或是聽我開口求救卻無所作為的大祭司，都對我的處境視若無睹。到頭來幫助我的不是這些人，而是一個公車司機，如果她沒讓我免費上車怎麼辦？我心懷感激地走下公車，車門在我身後關上，公車開走了。

我走過前方草坪，朝著校門走過去，門是鎖著的，於是便右轉繞過建築物的一側，用顫抖的雙手轉動每個門把，但每個門都上鎖。我試了將近十二個門，不知不覺走到建築物後方的足球場，也就是幾個月前想逃跑的地方。我緊張兮兮地看著通往學校的道路，尋找車前燈的蹤跡，害怕席爾夫婦的車子隨時出現。

我發現牆壁與學校的建築之間有個空隙，於是決定在工友來開門之前，把自己整個人塞進其中，冰冷的磚頭緊貼著後背與膝蓋，我在心中不斷對自己重複：「不會有事的，我這一次一定能逃走。」

陽光逐漸覆蓋沙漠，天色開始明朗，工友將卡車開進停車場，手中鑰匙互相碰撞而發出叮鈴噹啷聲。但我覺得再躲幾分鐘比較安全，於是大概等到早上七點左右，才從牆間的空隙溜出來，走進黛西教室。

黛西通常在七點半左右到校，在教室準備一天的課程，她看到我出現、又聽見我聲音裡的恐慌，嚇得喊道：「艾莉克絲！」我熱淚盈眶地脫口說出：「我不會回去了，一天都待不下去了，我們現在就要做。」她從桌邊起身，走過來把雙手放上我的肩：「好，艾莉克絲，妳都凍壞了！」

我哭著說：「我昨天晚上就跑出來，天亮前都躲在公車站後面。他們又叫我面壁罰站，我受不了才逃跑。」黛西說：「艾莉克絲，妳逃出來了，我不會讓他們把妳抓回去。不過我們要報警，還要聯絡兒童與家庭服務科㉓，不然真的沒有辦法。妳能不能跟我一起去辦公室？」她放在我肩上的雙手暖暖的，聲音也很溫柔。

我害怕地說：「行政部門有個人跟席爾家是同個教區，她一定會告狀，我會被抓回去，一定會。」黛西用雙臂摟著我的肩說：「艾莉克絲，我不會允許這種事情發生。」我們一起走出她的教室，沿著鋪滿磁磚地板的長廊抵達行政部門。一走進行政部門的大門，黛西便挺直身體，清了清喉嚨對全體行政人員說：「這個女孩需要幫忙，誰要是告訴席爾夫婦她在這

㉓ Division of Family & Children Services，簡稱ＤＦＣＳ。

裡，誰就要去坐牢。」

黛西站在那裡，僅僅五呎五吋（約一百六十五公分）的身軀卻看起來很高大，聲音流露出再明顯不過的強硬，彷彿把她在辯論社傳授的技巧集結起來，盡數發揮在這一刻。我已經忘了有人為我挺身而出的感覺，聽見黛西如此堅定的語氣，又燃起新的勇氣。

我不斷告訴自己：「不會有事的，這次會成功逃出來，我有黛西、傑森和保羅的幫忙。」黛西陪我走到行政部門後方的一間小會議室，打算暫時離開，安排其他人替她代課，但她還沒走出門，又回頭說：「不行，我們要先解決眼前的問題，不能把妳一個人留在這裡。」

不到十五分鐘，傑森出現在會議室，坐在我旁邊，他的表情與我的心情一樣害怕，但在我面前還是故作勇敢。他握住我的雙手說：「艾莉克絲，真高興妳能回來，我向兒童與家庭服務科通報了妳的案子。」傑森再次展現淘氣的笑聲：「喔，艾莉克絲，我本來打算去找妳，就算開車撞破席爾家的車庫門，也要救妳出去。」

15

同儕與人權律師，讓我再次擁有安全感

黛西笑著說：「他們想跟我吵，儘管放馬過來，我可是教辯論的老師，用開除來威脅也沒用。」黛西主動充當一道屏障，幫忙阻隔外面那個我不信任的世界。她繼續說：「這裡就是目前最安全的地方，我們還會再幫妳找更安全的地方。」

安全，安全是什麼意思？在聖喬治，席爾夫婦跟當地的教會領袖和警方都有交情，而且幾乎每個人對同性戀都有相同看法，我能逃到哪裡去？我知道黛西、保羅和傑森都跟我站在同一陣線，但仍覺得眼前充滿一片迷霧，例如：誰會相信我的說法？接下來怎麼做才能永遠離開席爾家？怎樣才能回家？家對我的意義又是什麼？

不久後，兒童與家庭服務科的生活環境調查員，以及一位地方警察局的警官前來，我不安地心想：「他們會相信我的話嗎？他們會幫我嗎？」

調查員是位名叫布魯克的年輕金髮小姐，聲音又尖又甜美，感覺是摩門教徒。雖然不想承認，但我在席爾家住了好幾個月，當要判斷哪些人值得信任時，就會默默衡量他們是否為摩門教徒，而且通常能透過說話方式與穿著猜出來。布魯克外型漂亮、聲音甜美，感覺正是標準摩門教徒。我怕她的想法跟席爾夫婦差不多。

警官的名字叫卻莉，個子高高瘦瘦，長得很好看，一頭棕髮往後梳成馬尾，表情很嚴肅，似乎不帶感情，但我知道她只是職責使然。我不確定她是否為摩門教徒，因為她沒有布魯克那種標準摩門教徒的樣子。卻莉開口說：「艾莉克絲，跟我們說說妳碰到的事情。」布魯克為了讓我放心，也附和著說：「別擔心，妳的話不會讓妳惹上麻煩的。」

卻莉詢問我是否可以錄音，以防之後需要參考，我點頭同意後，她便把小小錄音機放在桌上。我深吸一口氣開始說話，對她們說了我的遭遇，以及向爸媽出櫃後被送到席爾家治療，並仔細敘述席爾夫婦為我安排的「療程」，包括小組聚會、長時間面壁罰站，還要背著裝滿石頭的背包，它代表身為同性戀者必須承擔的包袱。

我告訴她們，席爾夫婦幾個月都不讓我上學，還說因為我是同性戀，上帝的救恩計畫沒有我的位置，而且我的家人再也不要我了。我接著說自己至少逃跑過兩次，結果被強尼毆打。然後在某天晚上，吞了一大堆藥想永遠脫離這一切。

警官與調查員弓著背，在筆記本上奮筆疾書。我暫停一下，仔細端詳她們的臉，試圖得知她們的反應，是認同？批評？還是憐憫或同情？我實在很難看出她們的想法，不知道是否取得信任，是否會認為我的遭遇沒悲慘到需要逃出去。

我忍不住脫口而出：「我需要回去嗎？」原本看著筆記本的兩人抬頭望著我，我向她們懇求：「拜託不要叫我回去。」卻莉跟布魯克還沒回答，黛西就探頭進來問道：「需要把先前寄放在我這的日記拿出來嗎？」我望向布魯克，她點點頭，並跟卻莉繼續寫下筆記。

布魯克先開口：「我覺得這是輕微的虐待案件。」卻莉整個人變僵硬地說：「這不是輕微的虐待案件。」她的語氣很堅定。從這一刻開始，一切的進度開始加快。

黛西要回去上中午跟下午的課，於是請傑森帶著日記到會議室找我。傑森匆忙地影印日記的每一頁，並傳真給在鹽湖城的保羅。之後，卻莉為了確認我說的話是否屬實，到奧莉維亞就讀的小學問話，奧莉維亞說家人不准她跟陌生人說家裡的事，而且從沒在家裡看過有人面壁罰站。

布魯克留在斯諾峽谷高中，曾暫時離開會議室去打電話。我從窗戶看見一大群學生進出行政部門，已經是午餐時間了嗎？我從前晚的晚餐時間到現在都沒有進食，卻絲毫沒有食慾。

沒多久，布魯克拿著紙筆回到會議室，她說：「艾莉克絲，麻煩把妳剛才跟我們說的話通通寫下來。」我開始寫：

二〇一〇年九月七日，我，艾莉珊卓・庫柏㉔，被送往席爾家居住。

我的雙手顫抖不已，但還是將這幾個月經歷的一切、記得的一切，全都寫下來。我必須寫得夠多，兒童與家庭服務科的調查員才不會把我送回席爾家，這是我的機會。寫到最後，我以非常直白的文字求助：

我現在非常擔心自己的生命安全和精神狀況，覺得再不脫離席爾家就會瘋掉，而且為了快點解脫，我時常冒出自殺念頭。但如今只希望也祈求能有人伸出援手。

我剛寫完，卻莉正好拿著電話回到會議室，她剛剛跟布魯克在會議室外談話，她說：「艾莉克絲，妳如果想離開席爾家，就打電話告訴他們妳在學校。」我立刻堅決反對，跟他們接觸簡直要我的命，就算通電話也不行。萬一我或是席爾夫婦說了什麼話，結果又被送回去怎麼辦？我跟卻莉爭執了將近半小時，彷彿遇上生死關頭，但她也同樣堅持。

卻莉說：「艾莉克絲，妳一定要告訴他們妳在哪裡，才能永遠離開他們家。」僵持一陣子後，我放下堅持，讓卻莉撥打席爾家的電話號碼，她透過擴音器和布魯克一起在旁聽著。緹安娜接起電話後，我說：「緹安娜，我是艾莉克絲，我從學校打電話給妳。」她用像是剛睡醒的昏沉聲音說：「我叫妳不准去上學！」此時，背景傳來強尼的怒吼聲。緹安娜接著說：「艾莉克絲，妳現在給我走回來。」強尼吼道：「不行！我去接她，不能讓她亂走。」我轉頭看向卻莉與布魯克，卻莉說：「謝謝妳艾莉克絲，可以掛斷電話了，我們帶妳到市區去。」我的眼睛適應著外頭的陽光，把日記緊抓在胸前，跟著警官走向她的警車。

我不禁懷疑，自己真的是幾個小時前才逃跑嗎？感覺時間好像已經過了幾年。我想起奔出席爾家時，腳底傳來冰冷柏油路的觸感、躲在公車站後面草叢的氣味，以及公車煞車和車門開啟的聲音。我坐在警車的後座，第一次感受到疲倦，真希望能跟傑森和黛西擁抱道別。

卻莉發動引擎，開著警車離開學校的停車場，經過熔岩地，沿著紅岩峽谷的道路，朝市區前進。我一再對自己說：「現在沒事了！」但內心還是被揮之不去的恐懼佔據，擔心會發生什麼壞事，害怕席爾夫婦過來把我抓走，而我無力反抗。

警車停入聖喬治市中心少年安置中心的停車場，中心的後側緊鄰一整面的紅岩山脈，整棟建築的色系是米色搭配藍綠色，隱身在一群市區建築物之中。卻莉帶我走入前門，服務台

㉔ 本書作者本名為艾莉珊卓・庫柏（Alexandra Cooper），平時稱呼的艾莉克絲（Alex）為暱稱與小名。

有位年長的金髮女士微笑迎接我們，她的名字叫作珊卓，個子非常高，整個人散發一種暖意，伸手和我握手時，可感覺到她溫暖且厚實的掌心。

卻莉向珊卓簡單介紹我的名字後便先行離去，珊卓說：「艾莉克絲，我們先填寫入院表格。妳不用告訴我為什麼來這裡，我知道這不是妳的錯。」她的微笑及充滿關愛的說話態度，讓我想起黛西。她問我一連串的問題，包括在哪裡出生、住在哪裡、念哪所學校。聊到一半她突然停下來，抬頭望著我的眼睛說：「艾莉克絲，妳身上有沒有哪裡痛？」

我試著搜尋疲累與恐懼之外的感覺，才發現自己的身體確實有痛處。背部從我第一次背著背包到現在，已經痛了好幾個月，我習慣日復一日的疼痛，簡直成為身體的一部分，甚至覺得不必特意向傑森與黛西提起。但那時我改變想法，認為說出來也許會有人幫我。

「我的背會痛。」

「好。」她在我的表格上寫下紀錄。

我們填完入院表格，她滿懷歉意地搜了我的身，又陪我走去廚房旁邊的休息室，裡面有沙發、桌遊，還有電視。

「我煮晚餐給妳吃好嗎？」

「妳要做晚餐給我吃？」

「當然了，寶貝，妳就點菜吧。」

幾個月來我每天晚上都為席爾家的人做晚飯，現在竟然有人要做飯給我吃，真是出乎意料地貼心。我不記得珊卓做了哪些菜，但記得她站在爐火前，而我坐在廚房的椅子上陪她，看著傍晚的落日轉為黑夜。但我仍每隔幾分鐘就瞄向前門，害怕席爾夫婦會直接走進來把我帶走。

「珊卓，他們把我帶回去的機率有多高？」

「艾莉克絲，只要妳在這裡就不可能。」

「拜託不要讓他們把我帶回去。」

「別怕，妳在這裡很安全。」

我一邊思考安全這兩個字的意義，一邊吃完晚餐。洗完澡後，我換上珊卓放在宿舍床位上的新睡衣準備就寢。宿舍房間是由兩張木製單人床所組成的雙人房，床上鋪著手工編織的被子。那天晚上整個宿舍只有我一個人，我把日記放在床下，爬上床並蓋上被子。

我累到極點，心情雖然變得比較輕鬆，還是很怕席爾夫婦隨時衝進來把我抓走。萬一他們跑來安置中心怎麼辦？萬一他們闖進宿舍房間怎麼辦？現在回想起來，覺得那些念頭相當荒謬，但當天晚上滿腦子都是：「該怎麼辦？能去哪裡？」珊卓對我很好，但我真的不知道下一步要怎麼走。

隔天早上我很晚才起床，又洗了一次澡，從充滿二手衣的大衣櫃挑出幾件衣服穿上。這些不是我的衣服，但至少不是席爾夫婦逼我穿的那些廢棄衣服。早餐時間我緊張到沒有食慾，主要是因為還沒跟保羅商量接下來怎麼做，我覺得只有保羅才能帶領我安然走出對未來的迷惘。

那時保羅確實在幫我，雖然我們還沒通電話，但逃出席爾家的那天早上，保羅接到傑森的電話後就替我聯繫警方、兒童與家庭服務科，還有州檢察官的辦公室。當我還在思考怎麼聯繫上保羅，他已經想辦法打電話給我。

早餐結束後，兒童與家庭服務科的另一位調查員前來，帶我去市區的小兒科診所。我一看見辦公室門上醫師的名字，就感到一陣恐慌襲來，幾乎是立刻提高戒備。我發現醫師和席爾夫婦屬於同個教區。

她替我做體檢時問我：「妳住在席爾家啊？聽說他們都是大好人。」我的脈搏加速，感覺更加恐慌，唯一能說出的只有：「我不想談這個。」醫師量了脈搏與血壓，檢查眼睛與耳朵，我感覺到心中的怒火不斷上升。她看了安置中心的入院表格，雙手放在我的脊椎兩側，一路往下摸。

「什麼時候開始痛的？」

「席爾家的人叫我背一個裝滿石頭的背包，從那個時候開始。」

「我們要安排妳照X光和CT掃描。」她的眉頭微微皺起。

回到安置中心後，我看見席爾夫妻幫我收拾的行李。那天在服務台輪班的布蘭妮幫忙拿到宿舍房間，我一一打開，發現每件衣服都被人用剪刀剪破，布蘭妮猛吸一口氣說：「沒關係，衣櫃裡的衣服妳都可以穿。放心，我們都會提供日常必需用品。」

那天下午，布蘭妮陪我走到市中心的圖書館，幫我辦了一張借書證。在「新到館書籍」的書架上，布蘭妮找到一本《一切會更好》（*It Gets Better*）的書，內容敘述一群人成長、出櫃，以及面對同性戀身份的挑戰。「一切會更好。」傑森跟黛西也是這麼對我說，但總覺得這個詞好遙遠。我借了這本書，同時也借了一兩本小說。

晚餐時間，布蘭妮帶我到一家以杯子蛋糕聞名的餐廳吃飯。這家店的牆壁漆成淡淡的藍綠色，上頭掛著色彩鮮豔的藝術品，主題以鳥類為主。另外，天花板懸掛的造型吊燈，設計成一個空的鳥籠。我坐在舒適的座位上，一邊聽布蘭妮說話，一邊大口吃著義大利麵，最後的甜點是草莓杯子蛋糕。

到了第三天，我終於在安置中心接到保羅的電話，總算能呼吸得稍微輕鬆一些。我問保羅：「你怎麼知道我在這裡？」他親切地開著玩笑：「我自有辦法。」其實保羅光是要跟我通電話，就必須克服幾個難關。他說，州檢察官辦公室的人認為，以我的年紀和處境，沒有資格挑選自己的律師，少年法庭已經指派一位指定監護人為我爭取「最佳利益」。但保羅堅持我有權聘請自己的律師，而州檢察官辦公室不但不讓步，還暗示保羅要是再堅持下去，他們就會施壓，讓保羅受到懲處，律師執照可能會被吊銷。不過，保羅沒有放棄，他引用猶他州的憲法條文，指出憲法保障每個人自行選擇律師的權利，來回拉据好幾天，好不容易才得到指定監護人同意，得以打電話到安置中心找我。

保羅在電話中細細說明接下來的步驟。首先，我很快就會見到指定監護人，到了星期二，法院會裁定我要繼續住在安置中心，還是送到寄養家庭，甚至到祖父母家，這段期間法院會繼續考慮誰該成為監護人。雖然州政府指派一位指定監護人，但保羅承諾只要我願意，他會拔刀相助替我發聲。我心底深處的願望是想回家，但很怕爸媽又把我送走，或是安排其他「治療」。我很清楚自己再也受不了席爾夫婦，包括面壁、背包，或是任何一種治療。

我明白自己非常信任保羅，哪怕當時還未實際見過面，他彷彿只是電話那頭的一個聲音，但他的聲音有種冷靜又慎重特質，偶爾文雅幽默，令人覺得人生真的會更好。保羅再三向我強調：「無論如何，妳都不會再回到席爾家，我現在想盡辦法幫妳安排一個比較安全的地方，不要擔心。」

星期一，我到市中心的法院大樓與指定監護人見面。法院大樓是擁有紅色沙岩外觀的雄偉三層建築，前方有高高的白色羅馬式圓柱造型。大廳很冷，鋪著大理石地磚，牆上有華麗的木頭鑲板，還有描繪猶他州拓荒先驅的壁畫。我必須先通過安檢，才能抵達指定監護人的辦公室。

負責接待的是一位留著短短棕髮，態度和善的年長女士，她說：「妳一定是艾莉克絲，我去跟麥特說妳來了。」指定監護人麥特在辦公室門口跟我握手打招呼，他的身材高高瘦瘦，頂著深色的頭髮與鬍鬚，比了比桌邊的椅子說：「艾莉克絲，妳坐這裡好嗎？」

麥特說我們星期二會出庭，席爾夫婦會到場，也許爸媽也會出席，主要是討論我的監護權歸屬，以及今後應該住在哪裡，而他的責任就是為我爭取最佳權益，並且會堅持到底，直到法院做出最好的判決。

麥特在椅子上動了動，一副不太自在的樣子說：「我知道妳尋求過外界意見。」他清了清喉嚨又說：「是個名叫保羅・柏克的律師。」「是的。」我邊說邊仔細觀察他臉上的反應。他停頓一下後繼續說：「我以前跟其他律師合作過，有時候大家看法不一致，這樣的合作沒有意義。」我依然望著他，他接著說：「我覺得我們最好直接合作，就妳跟我。」

不過，無論指定監護人怎麼說，無論他認為怎樣的配合方式最合適，我都不可能跟保羅劃清界線。這段日子裡，我遇過太多自以為替我著想的成年人，只有黛西與保羅肯認真傾聽，並相信我能自己作主。就在同一天，我跟保羅通電話時詢問他：「指定監護人有沒有辦法不讓我們合作？」保羅回答：「不會，他沒辦法。而且我也會讓他沒辦法。」

隔天我再次前往法院大樓，參加第一場監護權審訊。出發前特意在安置中心選了一條黑裙搭配粉紅色毛衣，想展現自己最好看的樣子。然而，我感覺一切都很煩心脆弱，充滿不確定性。萬一席爾夫婦說謊，萬一沒人相信我，萬一爸媽沒有來，萬一我說錯話把事情搞砸怎麼辦？審訊開始之前，我在指定監護人的辦公室對麥特說，希望能在法庭停留一下，但不想跟任何人獨處。他說我只需要短暫出席審訊，並強調絕對不會讓我與任何人單獨相處。

審訊時間到了，我跟著麥特走到二樓的法庭，感覺到雙腿有點站不穩。我們推開一道木門，我坐在桌邊的左邊，喇叭擴音器傳來保羅的聲音，迴盪在整個法庭。保羅向法官和指定監護人再三強調，我有權在審訊發言。但我太緊張，於是盡量低著不看別人，不過仍偷偷瞄見首席檢察官坐在桌邊的最右側。

我聽見媽媽在哭，應該說啜泣才對。法庭上除了爸媽、緹安娜之外，還有一個板著臉、身材魁梧，頂著白髮的人，他是爸媽的律師，他們全坐在法庭中間，法官的正對面。媽媽的啜泣聲傳達出她的痛苦，我也感覺到一股怒氣衝上胸口與喉嚨。我一定要保護自己，只要爸媽有一絲一毫的可能再次把我送去改造，我就只能無視他們的痛苦，全神貫注地保護自己。

我從自己的座位上定睛看著法官。卡拉・史塔赫莉法官有一頭紅褐色的頭髮，整個人散發出嚴肅的氣質。我後來才知道她擔任過指定監護人，並領養兩個孩子，是個頗受敬重的法官。我努力跟上複雜的法律程序，仔細看著史塔赫莉法官，試圖解讀她的想法。但大約過了十五分鐘後，麥特就說我可以離席，法官也認同這項決議。我走出法庭，刻意不去看緹安娜還有爸媽。

一小時後，麥特在辦公室向我說明情況。席爾夫婦已經不再擁有我的監護權，而爸媽要搬到猶他州，但我短期之內還無法跟他們回家。麥特說：「妳爸媽說妳是無法管教的孩子，意思是他們不能制止妳做出不好的選擇，也無法阻止妳逃跑，因此他們不確定妳現在應不應該跟他們一起回家。」我默默坐著，承受這句話的重量。

他接著說：「不過還是要看妳爸媽知道多少情況，該不該承擔把妳送到那裡的責任。法官希望妳這段時間先住在安置中心，等我們解決這個問題再說。」下一次的審訊安排在五月底，意思是我要在安置中心再住三個禮拜。

很顯然地，安置中心並不是特別美好的地方。我住了幾天就發現中心的主任是席爾夫婦的朋友，我還看過他們在斯諾峽谷高中的足球賽聊天。我嚇得跟珊卓說，擔心主任會把我送回席爾家。珊卓一而再，再而三地向我保證，她絕不會告訴主任我以前住在席爾家，而她也確實遵守諾言。但我每次看見主任都會感到害怕。

住在安置中心並不好受，許多跟我同年紀的孩子來來去去，他們通常住一晚就離開，期間經常怒吼，而且對爸媽大呼小叫。隔天他們不是被警察帶走，就是回家去，我始終不知道他們的下落。看見這些來來去去的孩子，心裡實在不好受，讓我開始回想自己過去帶給爸媽的的煩惱。我的確讓他們感到煩心，但那真的是無法管教嗎？爸媽真的覺得無法養育我嗎？他們真的不知道我在席爾家遭受的對待嗎？真的不把背著石頭背包面壁罰站當一回事嗎？他們完全不相信我嗎？

麥特鼓勵我寫一封信給爸媽，把想法化為文字，即使不寄出去也沒關係。我一邊處理每日的例行公事，一邊思考用字遣詞，最後在某個寧靜午後，坐在廚房桌邊寫下這段文字：

你們一定對先前的事情感到驚訝，與其用其他的方式，我覺得還是寫信告訴你們比較好。我覺得自己一直活得像雙面人，感覺好像快要從身體中間分裂成兩半。說到底我就是喜歡女生，對不起，但事實就是如此。我也曾經克制、懺悔、求救，但我不需要別人救助，也不會刻意改變，因為這不是一種疾病。我再也不想聽別人說我錯了，或說會下地獄，因為我沒有錯也不會下地獄，而且再也無法容忍說這些話的人圍繞在身邊。

我看著面前的這張紙，沒想到這些話來得又快又猛。其實，寫出這些話並不容易，但我知道自己已經回不了頭，於是深吸一口氣繼續寫道：

我希望大家把我當成正常人。我想出去約會，想在滿二十歲之前的最後幾年擁有快樂時光，我不想被關在房子裡，也不允許這種事情發生，所以才努力爭取寄養家庭。這樣我就再也不用隱藏真實的自己，不會因為說出心聲而遭到懲罰。明明這麼愛你們，卻走到這樣的地步真是太慘了，但我真的不能再可憐下去了，我要快樂，本來就應該快樂。對不起，真的對不起，我真的很愛你們。

寄養家庭，這四個字就擺在眼前，只要我不能做自己，或是可能被爸媽送到像席爾家的改造家庭，我就不能與他們團聚。

在這段不知該如何與家人相處的日子裡，安置中心的員工就像我的家人，因為有他們在，我每天一定會跟保羅通話，即使指定監護人不配合，他們也會主動把我的情況告訴保羅，還讓我有好多書可以看，幾乎每天都有人陪我走到圖書室。大多數的日子，我躺在床鋪或是坐在會客室的沙發上看書，每次只要翻開《飢餓遊戲》（*The Hunger Games*）系列叢書，一看就是好幾個小時。

珊卓曾私下對我說自己以前是化妝師，某天下午她帶我到百貨公司的彩妝櫃檯，用所有試用品替我上妝。布蘭妮則是帶我去買指甲油，我在席爾家是不能擦指甲油的。

到了晚上，我常和布蘭妮熬夜看電影，她有時會帶辣椒還有田園沙拉醬來，我們一邊看電影，一邊拿辣椒沾田園沙拉醬吃。當然，沒有爸媽陪伴、一個人在安置中心的日子，並不是正常十幾歲青少年該過的生活。但這裡實在比席爾家好太多，不必日復一日活在受虐的恐懼中，還能享有一些小樂趣，無論是安靜看書的時間，還是閃閃發光的指甲油，都讓我覺得活著真好。

珊卓的家鄉位於一個叫作「颶風」的小鎮，她每天都會告訴我家鄉那幾匹小馬的最新狀況。某個溫暖的五月午後，她問：「我們一起去看看馬兒好不好？」她開車沿著高速公路往北，過了約二十分鐘左右，再駛向錫安國家公園（Zion National Park）的紅岩峽谷，我搖下車窗感受春風吹拂。

颶風是典型的猶他州小鎮，擁有方格狀且帶有編號的街道。楊百翰在十九世紀帶領先驅教徒到這裡種植棉花與桃子，將道路規劃得井然有序。珊卓住在一個木頭搭建的小屋，從她的臥室窗戶向外看，可以看到圍欄裡的馬兒在吃草。

珊卓停好車後，倚著金屬欄杆往圍欄走去，裡面總共有四匹小馬，三匹是棕色身體加上白色的腿，一匹渾身都是白色斑點。小馬們踩著細瘦的腿四處跳躍玩耍、互相嗅聞。她小心翼翼地說：「艾莉克絲，我知道妳受了很多委屈，因為出櫃而吃了那麼多苦頭。」我看著她點點頭，珊卓也回望我，給予最溫暖的微笑。她接著說：「我希望妳知道，不是每個摩門教徒都這樣，不是每個人都跟席爾夫婦一樣，也不是每個人都認同他們這麼對待妳。」

我深呼吸一口氣，感覺陽光的溫暖滲入肩膀，沿著脊椎一路往下，撫遍我那些僵硬的肌肉與脊椎骨。珊卓輕輕說道：「艾莉克絲，我認為身為同性戀一點問題也沒有，我覺得上帝一定也這麼想。」

現在回想起來，這是第一次有摩門教友勇敢支持我，並說出相信上帝也愛我的話語。雖然在席爾家時，讓我對自己的信仰有所質疑，而且無法諒解那些看我受苦卻袖手旁觀的教友，但珊卓以摩門教徒的身份說出這席話，對我來說意義非常重大。

即使到了現在，我還是難以形容她的話帶給我多大的影響力，有個保守又虔誠的信徒為慈愛包容的上帝發聲，真令我感到欣慰。

16

首席助理檢察官竟然指責我：「無法管教」

我逃離席爾家三個禮拜後，終於見到保羅本人，在那難熬的最後一個月，他的聲音給我活下去的動力，但始終無法想像他的模樣，只能想成小時候在影集裡看見的律師。我向來欣賞律師們犀利的智慧，還有對客戶的忠誠，兒時的我豈能料到，自己有天也需要律師幫忙。

保羅和我在聖喬治市區的一個律師事務所見面。他的身高中等，留著一頭淡棕色的頭髮，當天身穿藏青色西裝和紅色領帶，表情平靜且溫和，聲音相當平穩清晰。從他發光的藍色眼睛可看出，他擁有身為頂尖律師的精明頭腦，以及旺盛的鬥志。但我後來才發現，他不像電視劇的律師那樣鋒芒外露，在有禮的外表之下，蘊含著他堅持到底的決心。

我們坐在律師事務所的會議室，商量該怎麼處理這個案子。保羅拿出黃色的便條紙放在桌上，並對我說：「艾莉克絲，妳希望怎麼樣？」我本來以為會進行一場複雜的法律討論，沒想到只等到一個直接且簡單的問題。

我希望怎麼樣？在席爾家和安置中心的那段日子，有大把時間可以思考這個問題，雖然我現在想給保羅一個明確答案，但心情卻非常複雜，因為知道自己沒有太多的路可以選擇。我在安置中心住太久，收養機構也找不到地方安頓我，而指定監護人則想讓我送回到爸媽身邊。我即使真心想與他們團聚，卻怕被帶回席爾家，或是再次被送去治療，無法過十幾歲女生該有的生活，到時候該怎麼辦？

我深吸一口氣對保羅說：「我想回家，而且想跟女生交往。」我一邊說，保羅一邊把每個字寫在黃色便條紙上，寫完後停下來回應說：「好。」我知道他確實聽見我的話了。

於是我又繼續說：「我想去上學。」保羅手上的筆又開始動起來。「也許我可以跟爸媽一起接受治療，傑森跟我講過一個叫作PFLAG的團體，它是同志家屬親友會，聖喬治也有，或許爸媽可以參加？」我接著問保羅：「我不希望他們改變我。除非做家庭治療，否則不想跟他們談論同性戀這件事，這樣可以嗎？」保羅很肯定的回答：「如果妳希望這樣，那我們就努力爭取。」

是的，我想回家，但回家究竟代表什麼，這是個很複雜的問題。我想跟所愛的人待在熟悉的地方，但也希望他們能看見並接受真正的我。最重要的是，我希望他們能在法庭上承諾，不會再想要治療我，沒有這份承諾，家就不會是真正的家。

法院安排五月二十四號開庭審理我的案子。但在前一天，首席檢察官辦公室安排一場調解會，邀請指定監護人與爸媽出席，我和保羅都不在場。調解的結論是，他們決定不必追究席爾夫婦的所作所為，只把一切問題歸咎於我的「無法管教」，並請求法院讓我馬上回家，而且爸媽不需要遵守任何條件，更無須保證不會再把我送走。我聽完後簡直氣炸了。

開庭那天早上，保羅打電話來，我表示不想以這種條件回家。並感覺到背部與下巴因為憤怒而堅硬。保羅冷靜且慎重地分析現況：「指定監護人建議讓妳回家，首席檢察官、兒童與家庭服務科還有妳爸媽都站在他那邊。現在情況對我們不利，跟他們對抗也無法保證會贏，妳要是跟他們硬拚，而且最後輸掉，想回家就更不容易了。」

我邊聽邊閉著眼睛，緊緊抓著安置中心辦公室的電話，雙腳都在顫抖，又重複了一次：「我不要，他們如果不願意聽我的心聲，那就不要回家，我們要對抗。」保羅用很慎重的語氣說：「好，艾莉克絲，我們就對抗。」

開庭當天，安置中心的員工開車載我到法院，在正式開庭前，麥特把我拉到一間小小的辦公室討論，他說：「艾莉克絲，法院遲早會把監護權還給妳爸媽。」我低頭看著桌子，刻意閉口不言。他繼續說：「妳想不想回到家人身邊？」我抬起頭，望著他的眼睛說：「想，我希望有一天能回去，但他們現在並沒有站在我這邊。只要我有一絲一毫被送回席爾家的可能，或是被安排治療，我就不能回去。」

法官、首席助理檢察官、爸媽、爸媽的律師和兒童與家庭服務科的人員在二樓開庭，保羅則是在鹽湖城用電話連線。由於我的心情太激動而無法參與開庭，於是選擇在指定監護人的辦公室等待。會後，保羅一五一十地告訴我整個經過。

首席檢察官辦公室做的第一件事，就是試圖阻止保羅參與審判，甚至想把他踢出這個案子。保羅擔心在猶他州南部如此保守的地方，指定監護人與少年法庭認為的「最佳利益」，可能不符合十幾歲女同性戀的期待。保羅的顧慮不無道理，如果指定監護人、猶他州政府跟我爸媽串通一氣，支持全天下父母不必顧及兒女意願，逕自把他們送去治療或試圖改變性向，那該怎麼辦？畢竟他們在開庭前已達成協議，而且爸媽還不用許下任何承諾。

保羅在庭上反擊，指出對方協議時沒參考我的意見，不讓我有機會發表想法或參與協議過程。法官問了幾個關於協議的問題，並詢問為什麼把所有壓力都放在我身上，這時首席助理檢察官指責我是個無法管教的孩子。無法管教是法律體系的專用語，用來形容年輕人已經失去控制，只能由州政府接收監護權。首席助理檢察官說，由於我無法管教，所以應該要順從爸媽的意思。

謝天謝地，還好保羅理性地釐清狀況，他先從我住進席爾家開始說起。爸媽把監護權交給幾乎不認識的陌生人，而且席爾夫婦對我的治療根本是酷刑，後來監護權又交由州政府，這真的是因為我無法管教嗎？保羅請法官理解，爸媽把我送走的原因是想改變我的性向和本質。

爸爸向法官辯解，整件事與我的同性戀身份毫無關連，並否認曾聽過背著背包面壁罰站的事。保羅再次反擊，表示爸媽沒有坦承把我送走的動機，也說席爾夫婦曾親自告訴我，他們的任務就是改變我的性傾向。保羅接著說，同性戀是我本質的一部分，不該是被家人批判的理由。

史塔赫莉法官聽完這些話，認為爸媽必須遵守一些規則，例如：參加家庭輔導、完成親職教育課程，或是參加同志家屬親友會，而且以後不能再試圖想改變我的性傾向。法官此話一出，首席助理檢察官、爸媽，還有爸媽的律師全面進入戒備。

首席檢察官辦公室再次想把保羅逐出這個案子，還說我把保羅當成對付爸媽的武器，而爸媽的律師竟然暗示，背著背包面壁罰站的事，只是我編出來的謊言。很顯然地，他們無法接受的重點在於：猶他州法院竟然希望父母不要再試圖改變同性戀孩子的性向。

這對猶他州來說是未曾探索過的領域。我從小信仰摩門教，知道對於許多猶他州的住民來說，同性戀身份是可被改變且應該改變的，這種觀念簡直是種信條。首席助理檢察官說，人民有宗教信仰的自由和憲法保障的人權，父母有權要求子女接受他們的宗教，也有權選擇子女的性傾向，法院無權干涉。

法庭上充斥言詞交鋒與犀利攻防，法官暫且解散眾人，沒有針對我的去留做出最後決定。麥特回到辦公室找我，也不知道接下來該怎麼辦，但我倒是大大鬆了一口氣，慶幸開庭前一天的協議沒有生效，也很開心自己不必在沒半點保護的情況下被迫回家，最欣慰的是有保羅助陣，他確實聽見了我的心聲。

下次開庭定在五月三十一日，我決定親自出庭。審判開始前，我跟麥特在他的辦公室會面，他問我：「艾莉克絲，如果妳和父母都改變跟彼此相處的方式，並透過輔導與治療改善雙方關係，妳會希望與家人團聚嗎？」我深吸一口氣說：「會，雖然我不知道能不能這樣，不過的確想回家。」他回覆：「那我們就想辦法讓妳回家。」

踏進法庭之前，我跟保羅短暫通過電話，他依舊謹慎地說：「我確認一下，妳雖然想回家，但前提是希望有些保護措施，避免類似的事情再度發生。」我回答：「是的。」並對自己的決定感到高興。電話那頭沉默了一下，他總算開口：「好，我支持妳。」

我緊張地走進法庭，坐在指定監護人的右邊，爸媽從加州來到這裡，和他們的律師一起坐在法官正前方，這次我與他們仍舊沒有眼神交流。首席助理檢察官坐在法庭的左側，保羅則是再次使用電話連線。

指定監護人對法官說：「我今早跟艾莉克絲談過，她想念爸媽，也拜託我替她向法院請求，允許她今天就可以回家。」保羅對法庭說：「我們先來談談親子間該有的基本規則，才會有良性親子關係。爸媽應該承諾，不會強迫艾莉克絲改變她自己或性傾向。我們先前討論過參加輔導或同志家屬親友會，艾莉克絲也希望能加入學校的同直聯盟。」這時候，爸媽的律師強力插話：「我反對柏克先生參與本案，他在干涉庫柏家教育孩子的權利。」保羅反駁：「艾莉克絲有權請律師處理她切身相關的事情。」

我感覺法庭的氣氛越來越劍拔弩張，爸媽萬一沒有和我站在同一陣線該怎麼辦？我有沒有發聲的機會？法官說：「你們在家可以立下門禁、上學等規矩，但法律程序上要給她一個發言的機會。」保羅繼續說道：「我的客戶想回家，希望跟爸媽相互尊重，不用再經歷之前遭遇的事，但她確實想回家。」法官說：「先不討論性傾向的事，我也希望庫柏夫婦能先專心培養跟孩子的關係。」她發出的第一道監護權命令也是這麼寫：

二〇一一年五月三十一日

猶他州華盛頓郡 第五區少年法庭

關於未滿十八歲的孩子亞莉珊卓・庫柏

法庭裁示如下：

調查結果與諭令

孩子明確表達想與父母團聚的意願，指定監護人建議讓孩子緩步回家，父母願意提供孩子所需的照顧，茲將上述姓名的孩子交還父母監護，並由兒童與家庭服務科協助保護與監督。孩子應每週聯繫指定監護人並報告近況。

法院廢除柏克先生續任亞莉珊卓・庫柏於本案之訴訟代理人，孩子是成熟的未成年人，有能力聽取保羅・柏克的專業法律建議，指定監護人亦同意允許孩子與柏克先生聯絡。法院撤回要求父母參加同志家屬親友會之命令，除非於治療期間，否則父母不得與亞莉珊卓討論性傾向的話題。

簽名

第五區少年法庭審判長　卡拉・史塔赫莉

這個監護權命令並不完美，尤其是廢除保羅擔任我的訴訟代理人。法官肯定保羅之前對我的幫助，但不希望他繼續參與兒童福利的訴訟程序。保羅承諾一定會上訴，這樣才能繼續擔任訴訟代理人，我知道他會繼續奮戰，讓我安心回家。

幾天後，我看見爸爸開車過來，心裡鬆了一大口氣。他沒有對我微笑或擁抱，甚至刻意迴避我的目光，只是默默把行李放進車子，而且在三十分鐘的車程中，我們完全沒有交談，但我還是覺得鬆了一口氣。

那年夏天就在漫長的沉默，以及激烈卻無聲的對抗中度過。爸爸和我一起住在祖父母家，媽媽則是回加州工作，我每隔幾天都會跟媽媽通電話，但常常聊著聊著就陷入沉默，或是演變成憤怒哭泣，感覺空氣充滿火藥味。

此外，來自祖父母的監視簡直到了誇張的地步，我彷彿受到最高等級的禁足。那段期間我無事可做，不但不能上學，也沒有手機可以聯絡傑森和黛西，或是這幾個月在斯諾峽谷高中認識的任何一個人，但倒是可以打電話給艾希利跟碧安娜，我真我非常想念她們。艾希利說：「我們找妳找得好苦，我打電話到聖喬治每家治療中心找妳！」我跟她們說了自己在席爾家遭遇的一切，說完我們三個都在電話中哭成一團。

大多數的日子，我就像以前在安置中心一樣待在房裡看書，爸爸偶爾會帶我去市區買一些布料，由於所有的衣服都被席爾夫婦盡數剪成布條，我開始縫製新衣服給自己。我的縫紉技巧是幾年前媽媽教我的，祖父母家也有一台縫紉機讓我用。司法程序還沒結束，所以我必須住在猶他州，並到斯諾峽谷高中上學，所以打算自行縫製開學要用的秋季衣服。我用鮮豔的布料裁剪出一件件衣服，盡量不去思考祖父母家跟席爾家其實才相隔幾條街，盡力想忘記席爾夫婦離我有多近。

祖父母和爸媽很少談及我出櫃以及之後所發生的一切，我每天都能感覺到祖父母看我不順眼，因為爸媽在法庭上被認定為不負責任的父母親，在席爾家的遭遇又被形容成酷刑。然而，祖父母仍然極力維持與席爾家的交情，除了每個禮拜天在教會對他們熱情打招呼，偶爾甚至邀請他們到家裡坐坐。

他們明知道我有權為了正義控告席爾夫婦，還是不希望我這麼做。也許他們怕打壞教友與鄰里之間的和氣，畢竟社區對日常生活影響很大。或許他們內心深處仍然認為，一切都是我的錯，而我仍然執迷不悟。

爸媽隻字不提出櫃的事情，我也絕口不談席爾夫婦，彼此心照不宣地保持沉默。回想起那些在席爾家來來去去的人，他們對於站在牆邊的我視而不見，沒想到回家之後，家人也是採取相同的態度。如果一家人非要這樣相處，我真的有必要與父母住在同個屋簷下嗎？在漫長的上訴與調解過程中，我為了讓爸媽看見並聽見真正的自己，必須想辦法說服他們接受我，直到訂出最終版本的監護權命令為止。

此外，住在祖父母家的期間，我更深刻地認知到自己需要保羅幫忙。一路上保羅用聲音給予指引，並確實把我的話放在心上。我感謝身邊有一群一心只為我利益著想的戰友，也知道自己需要一個成年人堅定地站在同一陣線，幸好每天都可以和保羅通話。

但是，保羅好像讓大家變得很緊張，他是案子裡唯一的非摩門教徒，而且來自鹽湖城而非聖喬治，擁有相當濃厚的外人形象。我完全不意外首席檢察官辦公室想將他踢走，而法院發佈的命令也認同這一點。

爸媽和他們的律師認為保羅與一群LGBT激進份子串通一氣，想操縱我加入追求同志平權的勾當，試圖顛覆整個國家。保羅的確曾向全國女同性戀人權中心請教相關事宜，但幾乎所有法律與人權專家都認為最好隱身幕後，讓訴訟程序聚焦於幫我找到安全的去處。

六月，保羅再次來到聖喬治，幫我準備下次的監護權官司。爸爸開車帶我到市區的律師事務所與他見面，他們在事務所的大廳碰面，保羅率先伸出手，爸爸卻不肯握。爸爸說：「我有話要先跟我女兒說，她等一下再進去。」他在保羅聽得見的範圍內說：「做任何事情都要百分之百誠實。」我看著他的眼睛，知道他並不相信我在席爾家的種種遭遇。哪怕將這些遭遇寫成書面聲明，哪怕席爾夫婦出庭時必定會受到審問，爸爸仍舊不相信。我雖然內心受挫，還是遵守家裡的規矩，不發一語。

保羅帶領我到會議室坐下，他向來處變不驚，這次卻將憂心表露無遺：「艾莉克絲，法院準備要敲定五月三十一日的命令，我們面臨幾個問題。第一，法院想撤銷我擔任妳律師的資格，如果妳也是相同想法，不妨直接告訴我。」他頓了頓後笑著說：「妳隨時都可以開除我。」我知道他這麼說是想讓氣氛輕鬆一點，於是毅然決然地回答：「我需要你的幫忙，也希望你能幫忙。」

他把法院命令的其中一頁放在我面前，要我閱讀做記號的地方，並繼續說：「妳看這裡，法院說妳屢次蹺家、喝酒、濫用禁藥，性行為不檢。他們想把整件事的焦點從受虐，轉移到妳行為失控，也就是所謂的無法管教。」

又是無法管教這四個字。的確，我有陣子跟艾希利和碧安娜共度一段荒唐時光，害爸媽擔心不已，但艾希利、碧安娜，還有跟我念同所高中的學生也做了一樣的事，卻沒被父母放棄或扔到沙漠另一頭。席爾夫婦親口說過這背後的原因，我會住在他們家是因為同性戀身分，他們的任務就是讓我甩開同性戀包袱。

保羅接著說：「艾莉克絲，法院命令說妳無法管教，等於說妳淫蕩。」他的話是誇張了一些，但我懂他的意思。法院打算把所有事情怪在我頭上，想抹去我被父母拋棄的真正原因，並試圖無視我被虐待折磨的經過，以及同性戀年輕人在保守環境下出櫃所付出的代價。我感到怒火中燒。

我後來才知道，大多LGBT年輕人都被貼上「無法管教」的標籤，面臨類似困境，尤其是在父母無法接受同性戀孩子的家庭。有項研究指出，每十個經歷過司法體系的LGBT年輕人，就有九個被稱作無法管教。

在很多情況下，說同性戀年輕人無法管教，等於責怪他們勇於做自己，怪罪他們反抗不允許他們做自己的家人，把勇敢的行為說成是犯罪。保羅說得對，我不能再坐以待斃，臣服於不公平的法院命令。我很幸運，身邊不僅有一位盡心的律師，還遇到像史塔赫莉一樣公正的法官，我一定要勇於發聲，成為正義的代言人，如同電視劇上那些律師。這不只是為了自己，也是為了那些沒那麼幸運的人。

保羅繼續說：「艾莉克絲，我們還有第三個問題。法院認為妳的性傾向只是自己的想像，這種態度就跟妳爸媽還有席爾夫婦一樣，妳看這一段。」他指著法院命令的另一個段落，上頭寫著：「法院發現孩子自稱是女同性戀。」

我看著那些文字又抬頭望向保羅，他解釋：「幾乎每個法庭裡的人都認為，妳的性傾向不是事實，是妳被誤導後才有的想法。他們覺得妳被怡菲耍，才會自認為是女同性戀，一切都是自己誤入歧途。妳也這麼認為嗎？」

不，不是這樣的。如果說我在席爾家長期面壁罰站有什麼收穫，那就是有大量時間摸清自己的感受，以及回憶一路走來的經歷。我對怡菲的感情就像過去對珊曼莎的感情，這跟個人本性有關，也是我的不同且獨立之處。

保羅說：「如果他們認為妳的性傾向不是來自於本性，而是被洗腦，首席檢察官辦公室就會繼續主張父母有權影響或改變子女的性傾向。」這也是我必須對抗的另個重要原因，不只是為了其他落入司法體系的LGBT年輕人，也是為了每個在猶他州成長的LGBT孩子。如果猶他州的首席檢察官認為父母可以把同性戀子女送走，或是用盡一切手段改變同性戀子女，代表沒有一個LGBT年輕人能安安全全住在家裡。爸爸叫我百分之百誠實，我決定謹遵他的教誨。

我說：「保羅，我一定要發聲，不只是為自己，還要為了以前跟我有相同經歷，以及今後可能會有這種經歷的人。希望法院知道我想要你繼續當這個案子的律師，並讓法院把事情的真相記錄下來。」

我過往的鬥志再度被燃起，它們推動自己屢次與父母對抗，也是這股精神讓我即使在牆壁前罰站一個又一個小時，也沒有被擊潰。現在我的決心引領出新方向：要向世界說出自己是誰，並幫助那些被趕出家門，甚至被稱作有病的同性戀少年少女。那天，我在保羅協助之下寫了一份宣誓書，法院、首席助理檢察官，還有爸媽都必須看：

亞莉珊卓・庫柏之宣誓書　案件編號第一〇五一六八四號

卡拉・史塔赫莉法官

亞莉珊卓・庫柏經有效宣誓，陳述之供詞如下：

我是女同性戀，年齡已經超過十六歲半。

去年秋天，我告知爸媽自己的性傾向，他們情緒激動，完全無法接受，接著便把我從加州送到猶他州聖喬治，由緹安娜與強尼・席爾監護。這對夫妻折磨並虐待我，因為他們想改變我的性傾向。

二〇一一年四月底，我聯繫Ray Quinney & Nebeker P.C律師事務所的保羅・柏克，他與他的律師事務所表示，願意免費擔任訴訟代理人。我接受柏克先生的提議，指定他與Ray Quinney & Nebeker P.C律師事務所擔任訴訟代理人。不久之後，猶他州兒童與家庭服務科便得知我的狀況。

我轉由猶他州政府監護之後，政府指派一位指定監護人給我，他的職責是自行判斷怎樣符合我的最佳利益，但我們不見得每次都達成共識。我更希望能與忠於我的律師合作，並聽取他的專業判斷及法律建議。

法院命令保羅・柏克先生及他的律師事務所，不得再擔任我於少年法庭訴訟過程中的訴訟代理人，但我反對這項命令，認為自己有權選擇訴訟代理人，並希望忠於我的保羅・柏克先生，能繼續擔任這項職責。

二〇一一年六月二十日

隔天開庭，我發現宣誓書顯然只是第一步，此外還要表達意見、說出故事，還有很長的路要走，每一步都是一場奮戰，甚至必須對抗父母。那天早上，爸爸跟我在屋子裡忙著準備出庭，他開車載我從祖父母家到市區的法院，氣氛始終劍拔弩張。

爸爸一直等到站在法官面前，才終於說出他的想法。他對史塔赫莉法官埋怨：「艾莉克絲說的話被當成福音了。」法官回應：「感覺你不相信她。」爸爸說：「不是，我很關心她，而且想保護她。」史塔赫莉法官深吸一口氣，轉頭對我說：「孩子，妳必須說出真相，才會取得大家的信服，如果妳為了說謊不惜代價，我們也會找出原因。妳只要說實話就不會有問題。」

開庭結束前，爸媽的律師再一次想撤銷保羅擔任我律師的資格。保羅明明是免費幫我打官司，卻被質疑律師費不乾淨，甚至說他已經準備好文書，要讓我徹底與家人一刀兩斷，簡直胡扯到極點。經過這件事我才知道爸媽有多怕保羅，有多不想聽見我的心聲和故事。

我們整個夏天就這樣來來回回，法院要敲定監護權命令的最終版本，還要為我設置適當的保護機制，事情開始有些進展。法院認為如果我回家，爸媽不可以改變我的性傾向，並必須完全配合兒童與家庭服務科的計畫，包括：家庭治療、三十天的同志家屬親友會、親職教育課程。

相對地，孩子應接受個人與家庭治療，並就讀公立學校，不可使用毒品或酒精，也不能逃家。最後，孩子不得與怡菲・艾斯本諾莎，以及緹安娜與強尼・席爾聯繫。簡單來說，父母不應改變孩子的性傾向，孩子必須遵守家裡還有父母訂定的所有規則。爸媽不能再試圖治療我同性戀傾向，這才是我想要的承諾。

沒想到才過兩天，在法院命令的最終版本中，法官再次命令保羅不得擔任這個案件的訴訟代理人。

保羅在鹽湖城工作，距離聖喬治將近三百英里（約四百八十三公里）。整個七、八月，保羅用電郵、電話還有偶爾的互相拜訪，填滿那一大段距離。總而言之，我想盡辦法讓保羅可以繼續擔任這個案子律師，幫忙在法庭上替我發聲。七月二十六日，保羅到聖喬治來，我們一起準備上訴：

庫柏小姐的上訴應當成立。家人以不當方式想改變她的性傾向，十幾歲的女生疑似受到虐待，因此進入猶他州的兒童福利體系。庫柏小姐只有在上訴成立的條件下，才能保護自己的利益、尊嚴與身份，猶他州的法院應該要聽到庫柏小姐的聲音。

是的，重點是聲音，我希望猶他州政府能聽見我的聲音，也能聽到其他LGBT年輕人的聲音。我將拇指沾上印泥，在公證人的簿冊上按下指印，並在上訴狀上的保羅名字下方簽名，心頭湧現一種自豪與勇氣。

猶他州政府在八月一日回覆我們的上訴，毫無意外地狠狠打了我們的臉。州政府表示：「憲法對兒童與成人有不同保障。」根據州政府的邏輯，年輕人不能選擇自己的律師，因為他們不知道怎樣對自己最有利，政府指派的律師與父母才最了解一切，尤其是關於性傾向相關的事情。猶他州政府認為，不讓父母治療同性戀子女等於「干預親子關係」。

保羅同時發出六個新訴狀，再次挑戰猶他州政府，指控它們不讓我在法院發聲，還把我這個挺過磨難的倖存者，形容成製造問題的麻煩人物。他聯繫猶他州首席檢察官辦公室的高層，詢問猶他州政府是否真的認定「父母有權決定子女的性傾向」。新的指定監護人瑪莎・皮爾斯也加入這個案子，她認為席爾夫婦無照進行性傾向治療是種虐待。

爸媽對我的上訴提出異議，跟猶他州政府聯手想趕走保羅，並重申「同性戀傾向是一種選擇而非本性」的觀點，他們認為由於我跟怡菲廝混，又有保羅當律師，才會產生自己是同性戀的想法。那年八月，法院討論這段親子關係的未來，我與爸媽之間的氣氛不僅充斥猶他州南部的沙漠熱氣，也充滿沒說出口的言語，只能透過律師講出我們雙方沉重的感受。爸媽覺得被指責、被誤解，我則希望有人能看見並聽見真正的自己。

有一次，爸媽的律師到祖父母家拜訪，似乎對我的所作所為感到憤怒。我鼓起勇氣告訴他，自己不想與父母開戰，他厲聲回應：「開戰這兩個字真貼切！」我不想開戰，也不想再帶給父母困擾，更不想讓他們因為過去的行為而受罰。我想發聲，也希望能在家中做自己，過著平靜的生活。難道一定要跟猶他州政府對抗，才能以同性戀少女的身份，跟家人一起生活嗎？

事情總算朝著對我們有利的方向發展，猶他州上訴法院做出判決，並發出緊急命令，允許保羅在兒童福利的案件中擔任我的律師。上訴法院的支持對我們來說很重要，畢竟猶他州政府不太認同年輕女同志主張跟女生交往的權利，甚至不惜挑戰整個指定監護人體系。

過了幾個禮拜，我們在聖喬治市區的法院大樓進行最後一次調解。出席者包括爸媽、爸媽的律師、保羅、新的指定監護人、兩位猶他州的首席檢察官、兒童與家庭服務科的代表，以及某位猶他州法院德高望重的調解委員。我看著調解委員與保羅在廳室間穿梭，努力讓各方達成共識、停止對抗。

他們走進我所在的廳室，保羅只問我一個問題，這是他在官司開打時問過的問題：「艾莉克絲，妳希望怎麼樣？」我這次回答時，終於有指定監護人和調解委員在旁見證一切，並努力達成我的願望，我說：「我希望爸媽不會覺得受到威脅或惹上麻煩，並不會因為以前的事情而被責怪。另外，我希望席爾夫婦負起法律責任，自己則是想跟爸媽回家，並期待他們能了解真正的我，如果他們做不到，我不會強迫，相對地他們也不能強迫我改變。總而言之，我想繼續唸完高中、想工作存錢、想跟女生交往。我希望的就是這些。」

保羅在便條紙上沙沙地寫著，記錄完之後抬起頭對我展露微笑。調解委員雖然必須保持中立，但我覺得她的眼裡也有笑意，整個氣氛似乎不再沉重，每個人好像都鬆了一口氣。保羅說：「艾莉克絲，我們要跟妳爸媽還有他們的律師談談，接下來再跟兒童與家庭服務科，還有首席檢察官辦公室討論。」

保羅與調解委員走了出去，只剩下我與自己的思緒共處。**只要他們不強迫我改變，我就不會強迫他們改變**。也許對於我們這樣的家庭、對於我這樣的孩子來說，這已經是最好的辦法。如果爸媽無法接受孩子是同性戀，我自己也無力改變，雙方都可以選擇放手。

雖然這並不是我從小到大在教會學到的救恩計畫，也不是能和家人一起上天堂的堅實承諾，但令我感到安心。如果要實現那個計畫，除了必須表現得夠好，還要犧牲內在特質，這樣也許能使我和家人有一天永遠在一起，但執行計畫的過程卻會使我們破碎、矛盾、掙扎、焦慮。當時，雖然我和家人還處在痛苦的沉默中，雙方各自都有說不出口的言語，但我們在這個人世間擁有彼此，而且現在就能團聚，這對我來說已經很幸福了。

那天的最後，保羅與調解委員敲定各方都能接受的協議。法院第一次表態席爾家的治療方式是「虐待且不負責任」，並承認我被迫背著石頭面壁罰站的事實，法院終於不再把席爾家發生的事全歸咎於我，而且同意讓保羅繼續擔任負責律師。但是，我必須按照協議乖乖上學、遵守家規，不能使用毒品、酒精或蹺家。這些我都願意配合，法院也要求爸媽必須做到下列事項：

- 家庭治療
- 親職教育課程

- 除非治療過程需要，或是經亞莉珊卓同意，否則不應討論亞莉珊卓的性傾向
- 父母應立即允許亞莉珊卓參加學校的同直聯盟、同志家屬親友會，以及其他同志支援團體的聚會與活動
- 父母應允許亞莉珊卓參與青少女的正常活動，包括約會及舞會
- 父母應允許亞莉珊卓與女性交往

白紙黑字寫得清清楚楚，我不但可以回到爸媽身邊，還可以做自己，得以在猶他州大方地做個青少年的同性戀者。實在很難想像，整個猶他州的司法體系在幾個禮拜前，仍堅持父母應有權改變同性戀子女。經過與猶他州政府多個月的對抗，才能贏得這一切，現在成果就在眼前，文件上有法院的戳記和效力：**我可以回家、可以做自己，當個出櫃的青少年同志**。如果我的奮鬥能讓猶他州政府承認同志少年的人權，即使每一步都艱難不已，這些血淚依然值得。

那年秋天，我回到斯諾峽谷高中，一邊拚命追趕錯過的高二課程，一邊展開高三課程。傑森已經從斯諾峽谷高中轉到另所高中，並打算在那裡念到畢業，我真的非常想念他。還好可以在放學後進行辯論社的活動，跟黛西和她身旁那群聰明、具有藝術氣質，且思想獨立的年輕人在一起。

在祖父母家，我跟爸爸都遵守法院的命令，經常沉默相對，小心翼翼地避開一些敏感話題。某天晚上，爸爸參加同志家屬親友會，回家後打電話給仍在加州工作與生活的媽媽，我無意間聽見爸爸對媽媽說：「我認識一個跟我們有同樣遭遇的太太，我有她的電話號碼。」

媽媽與我的關係稍有緩和，她在電話上說很想過來看我，並且承諾：「我們下次一起出去吃晚餐，而且要先吃甜點。」

但據我所知，爸媽只去過一次同志家屬親友會的聚會，之後就再也沒去了。我本來滿懷希望，以為這對他們有所幫助，他們能藉此得到協助，看來他們離完全認同我，還有一段路程要走。不過，我倒是得到充足的協助，永遠忘不了那天打開電子信箱時，看見全國女同性戀人權中心的執行長凱特・坎道爾的來信。

寄件者：凱特・坎道爾

日期：二〇一一年九月七日星期三下午二點二十三分

主題：妳鼓舞了大家

親愛的艾莉克絲：

妳不認識我，但全國女同性戀人權中心的人員都知道妳。保羅跟我們討論過妳的情況，我們也盡量幫忙。他是了不起的律師，一心一意想確保妳的安全，給予妳需要且應得的協助。我們聽見妳只是因為想做真實的自己，就承受那麼多困擾與虐待，真的感到很心疼。但妳沒有讓步也沒有放棄，而是選擇勇於對抗，鼓舞了我們這裡每一個人。我來自猶他州，從小信奉摩門教，覺得自己絕對沒有像妳一樣的力量與勇氣。相信妳往後的人生會燦爛且充滿成就。

人類最重要的就是坦蕩地活在世界上，我知道只要真誠對待自己，便會帶來滿滿的喜悅與信心，希望未來有機會見面。最後，請務必一直堅強下去，妳有很多從未謀面的朋友都在遠方支持妳，我們也隨時樂意幫助妳實現夢想。

祝 安好

全國女同性戀人權中心執行長　凱特・坎道爾

我看完信件後用力吞口水，自己的故事竟然能鼓舞別人？我從頭到尾堅定立場，逼不得已就逃跑時的態度，竟然有如此大的影響力。我知道必須把握發聲的機會，不只是為了自己，還是為了相同處境的其他人。於是，我回信寫道：

親愛的凱特

很高興我的故事能鼓舞別人。

我始終認為快樂很重要，如果想當個真正快樂的人，首先要真誠過生活。我不想隱藏或是改變真正的自己，希望有天能跟有類似經歷，以及曾經或正在被迫改變本質的年輕女生，分享我的故事。我知道她們不見得都能對抗，也不見得有發聲的機會，所以想替她們出頭。很高興有一群人做我的後盾，謝謝你們一路上的幫助。

艾莉克絲

17

在法庭面對面開戰，巨大陰影再度籠罩

接下來的幾個星期，我雖然已經跟家人團聚，但還是需要再踏出一步，才能把發生過的一切拋諸腦後，因此經常需要凱特的鼓勵與保羅的協助。我必須在法庭上面對席爾夫婦，他們才能為所作所為付出代價。

然而，這一切並不容易，席爾夫婦在鄰里間仍然備受敬重。我在聖喬治親身經歷過，當摩門教徒太想融入整個群體時，為了避免惹事生非，甚至不惜無視子女的感受，尤其當子女被認定為有錯或難搞。大多摩門教徒都渴望為人所接受，讓他們得以跟社會上的其他人站在一起說：「我們正走在正確的道路上！」因為對他們來說，不合規範的人並不重要，風平浪靜才重要。

保羅跟我一起與檢察官見面，討論控告席爾夫婦的事宜，甚至可能以犯罪的嫌疑起訴他，可以感覺到助理檢察官對於承接這個案子感到緊張。為了準備控告席爾夫婦的宣誓作證書，保羅跑遍所有席爾夫婦服務過的聖喬治治療中心，調閱各式各樣的文件，包括員工手冊、中心政策，還有訓練教材。但聖喬治某家治療中心表示拒絕調閱。順帶一提，緹安娜現在處於被停職的狀態。

在猶他州南部，提供住宿的治療中心是相當發達的行業，經營者們人脈很廣，跟教會和政治人物都有往來。保羅如果找到治療中心提供「同志治療」的證據，肯定會有很多人完蛋，如果證據顯示沒有提供這項治療，緹安娜則會因怠職而被拖下水，無論如何都會有人遭殃。查找證據時雖然遭遇重重阻礙，但保羅還是完成了宣誓作證書的準備工作。

宣誓作證在十月二十八日的早上舉行，我一整天毫無食慾，但還是勉強洗了澡，穿上黑色裙子、粉紅開襟羊毛衫和高跟鞋，準備出庭。當時媽媽從加州前來，想在宣誓作證期間陪伴我。那天早上我走出房間，媽媽仔細打量我說：「孩子，妳還好嗎？」我口是心非地說：「還好。」我們都知道這是謊言。

我們開車到市區的律師事務所，宣誓作證在此處舉行。我自行去找保羅，媽媽則在接待大廳等候。沒想到回來後，看見席爾家的律師在審問媽媽，對方質問：「把她送走是因為她的同性戀身份嗎？」當媽媽正要回答時，我連忙喊停：「媽，妳在幹嘛！」我面向律師說：「你不應該在這裡跟她說話。」對於爸媽沒跟我站在同個陣線，我實在感到很厭煩。

我大口深呼吸之後，準備前去宣誓作證，媽媽語帶歉意地說：「我就在這裡等妳好不好？」其實，我希望等一下作證時，可以有媽媽陪伴，但她能大老遠來陪我，哪怕只是坐在大廳，就令我感到相當知足。

我走進會議室，坐在保羅的身旁，法院記者坐在我們的左邊，代表兒童與家庭服務科的律師坐在桌子盡頭，我們的對面是席爾家的律師。此時，強尼與緹安娜走了進來，年紀最小的女兒葛蕾絲也陪同在側。我感覺到一陣恐慌席捲全身，時隔已久再看見他們，喚醒好多痛苦、冷漠、寂寞、孤立無援的回憶，以及背部與肩膀的疼痛、湯匙硬塞進喉嚨的痛楚，和車庫傳來凱文的嗚咽聲。我對席爾夫婦的排斥反應是出於本能，身體的每個細胞都想逃命。

緹安娜坐下後對我說：「葛蕾絲想要抱抱妳，可不可以呢？」我完全沒有移開視線，低頭看著桌子說：「不行。」即使沒與緹安娜對上眼，也可以感覺到她的視線。強尼帶著葛蕾絲，默默坐在緹安娜身後的座位，我感受得到他在注視我，每次抬頭，他都會看著我搖頭，彷彿在說：「妳最好不要輕舉妄動」或是「沒有人會相信妳」。

保羅一開始先重述基本事實：爸媽透過祖父母把我送到聖喬治的席爾家，好讓他們「治療」我。雖然緹安娜曾在感化院工作，但沒有接受過少年輔導的正式訓練，也沒有進行居家治療的執照。面對這些指控，緹安娜跟之前的首席檢察官辦公室採取同一套策略，故意說因為我吸毒，爸媽才把我送到席爾家，而不是因為同志身份。保羅與緹安娜的攻防戰很快就開始。

「妳跟艾莉克絲談過她是同志這件事嗎？」

「我不記得了。」

「妳跟艾莉克絲談過同性戀的話題嗎？」

「不確定，我不曉得。」

「艾莉克絲曾跟妳談過自己是同志的事情嗎？」

「有。」

「那妳怎麼說？」

「我不太記得了。」

每次緹安娜說「不記得」，我都感覺到自己血壓飆升，這時我會用黃色便條紙寫紙條給保羅，戳破她的謊言。

「那妳記得什麼？」

「我問過她，認為自己當同志是不是正確的選擇。」

「妳支持艾莉克絲跟女性發展親密關係嗎？」

「我不支持。」

「為什麼不支持？」

「我不相信那種行為。」

「妳的宗教信仰對同性戀有什麼看法？」

「上帝創造男人跟女人，不是要人們與同性發生關係，同性戀違反上帝戒律。」

「妳相不相信有人天生是同性戀？」

「不相信，我覺得那是後天習得的行為。」

「妳是不是認為同性戀可以變成異性戀？」

「我不知道。」

「妳覺得一個人的性傾向，是不是身份認同的主要部分？」

緹安娜的律師抗議這個問題是「無關的誘導詢問」，保羅的眼神告訴我，他完全沒有打算放棄。他接著問緹安娜，關於我想逃跑而被強尼毆打的事情，她說自己跟強尼從來沒打過我。保羅繼續步步逼問：

「妳有沒有要求艾莉克絲背著背包？」

「有。有一次。」

「只有一次嗎？」

「是的。」

「妳怎麼會想叫她背背包？」

「有幾個年紀較大的男生跟我們住在一起，他們說艾莉克絲想逃跑。」

我的脈搏開始加快，她的說法跟事實完全不符。我記得那時是秋天，緹安娜某天下班後叫我開始背背包，因為他們覺得之前的同性戀治療手段毫無效果。

「背包代表什麼？」

「我在裡面放了一些小石頭，因為當時她一直說謊，還有其他事情不斷累積。我們像一家人一樣坐下來，聊聊該怎麼解決眼前的情況，我們都是用愛教導艾莉克絲。她明白我們為她所做的一切，都是出自於一片關愛。那些石頭代表她不肯放棄的東西，她每次只要誠實、願意放手，我就會讓她放下背包。」

「妳什麼時候讓她背背包？」

「十二月的第三個星期。她背了大概四個鐘頭，隔天我就叫她拿下來。」

「你們叫艾莉克絲背背包，就只有這一次嗎？」

「是的。」

「所以這些都是一天當中的事情？」

「還有隔天。」

我簡直不敢相信自己的耳朵。老實說，我很驚訝緹安娜會接二連三地說謊，竟然說只叫我背一天背包，而且是因為我想逃跑，還說背包裡面都是小石頭。這個人八個月以來都在跟我說上帝、道德還有天堂，現在竟然在法庭上公然說謊。她如果真的以她的信仰和方法為榮，現在為什麼要撒謊？我覺得自己氣到手臂上的汗毛直豎。

到了午餐時間，我直接無視緹安娜與強尼的視線，逕自走進辦公室大廳，媽媽滿懷期待地等著我。這場宣誓作證對我來說非常難熬，媽媽能體會我有多害怕席爾夫婦嗎？

媽媽起身幫我把眼前的頭髮撥到一旁，她說：「去吃午餐吧。」我們在車上一路沉默不語，媽媽也許可以在沉默中感受到我有多嫌惡這一切，厭倦我必須誓死捍衛真相，厭倦總是覺得家人沒跟自己站在一起。無論媽媽對於同性戀有什麼看法，無論讓她多麼失望，我都需要她。從小，爸媽和教會就告訴我，家人就是要永遠在一起。我現在需要跟我站在同一陣線的家庭。

我跟媽媽坐下來吃東西，她溫柔地笑著說：「有時候可以先點甜點。」還記得我們以前一起窩在沙發上的毯子裡，一邊看重播的節目，一邊吃甜甜圈，我好想回到那樣的時光。如今，我們在沉默中先開始享用甜點，接著再吃其他餐點。

午餐時間過後，我們又回到法庭。保羅追問緹安娜為什麼會採用這個方法，她說自己曾在內華達州的感化院中，看見沉重背包治療法，猶他州的感化院也會用裝滿沙子的背包，訓練孩子改變自己的行為。但她對於想改變我的同性戀傾向仍絕口否認，也不承認自己採取激烈的治療手段。

保羅從公事包中拿出一大疊訓練手冊，那些文件是從緹安娜任職的感化院中調閱而來，他將這些資料放在桌上，再次對緹安娜展開質詢。

「妳接受過關於少年處罰的訓練嗎？」

「有。」

「妳清楚處罰與虐待的差別嗎？」

「清楚。」

「妳受過的訓練是不是也會告訴妳該如何分辨？」

「對。」

「根據今天的證詞，妳只要求艾莉克絲背一次背包，總共是四個小時嗎？」

「是的，若是更動我會再次確認，如果能確認的話。」

「這句話是什麼意思？」

「我只是大聲自言自語，我以後會有機會確認嗎？」

她的說詞開始出現破綻，保羅則趁勢步步進攻。

「能不能請妳解釋面壁是什麼意思？」

「我是為了引導艾莉克絲脫離困境。她每天都在玩，沒思考為什麼到我家來，所以才叫她面壁以遠離其他人，專心回想自己過去的行為。」

「她有選擇權嗎？」

「有……。她做任何事情都有選擇權。」

我望著緹安娜的眼睛，用眼神回應她的謊言，我們目光一交會，她馬上低頭看桌子。

「也就是說，艾莉克絲自己願意長期面壁？」

「我知道她不喜歡這樣，但確實主動這麼做，她很聽話地自己去牆邊站著。」

「面壁對她來說有幫助嗎？」

「有，我覺得有。」

「妳覺得讓艾莉克絲面壁幾個小時會有治療效果？」

「沒有幾個小時。」

我試圖直視緹安娜的雙眼，但她馬上轉頭面向強尼。

「妳記不記得自己跟聖喬治警方說，艾莉克絲最久曾在牆邊站五小時？」

「我的意思是說加起來五個小時。」

「妳的意思是說，她罰站四、五次，總共加起來在牆邊站了五小時？」

「將近五小時。」

我感覺一顆心在胸腔裡怦怦跳，快無法控制情緒，但我知道可以放心把宣誓作證交給保羅。聖喬治警方四月時去席爾家查證我的說詞，凱文對警方說了背背包面壁罰站的事。

「你們有沒有叫凱文背著背包站在牆邊？」

「沒有。」

「可是凱文跟聖喬治警方說，他曾背著背包站在牆邊，他在說謊嗎？」

「我不記得了。」

緹安娜的律師抗議。

「凱文面壁站多久？」

「我不記得了。」

「凱文面壁的時間是否跟艾莉克絲一樣久？」

「我不記得了。」

「那但丁面壁站多久？」

「我不記得了。那是去年的事情，我沒辦法記得那麼清楚。」

「妳覺得面壁罰站是適當的處罰嗎？」

「我覺得那是適當的處罰，總比體罰好。」

「如果孩子有選擇權的話嗎？」

緹安娜停下來深呼吸說：「她的確面壁罰站、的確背著石頭背包，但她到頭來學到很多東西，最後變得比較誠實，跟爸媽相處得更好。」

緹安娜接著說自己如何幫忙，因為有她協助我才能繼續上學，她說：「艾莉克絲知道我們對她盡心盡力，努力想把環境營造得像家一樣舒適，我們關愛並同情她。」保羅繼續逼問，我則直視緹安娜的臉龐。保羅將手放在治療中心的訓練手冊上，開始質詢與感化院有關的問題。

「妳的雇主覺得讓孩子面壁是適當的處罰方式嗎？」

「當然不是。」

「感化院要求學生或院生面壁罰站，算不算虐待？」

「我覺得是。」

「無論是工作上或是家裡，你對於虐待的標準都相同嗎？」

「是的。」

「所以妳在家裡叫艾莉克絲面壁，就算虐待囉？」

緹安娜被自己說的話逼到牆角，無處可逃，我繼續凝視緹安娜的臉，想聽她的答案。她的律師強硬抗議，怒氣沖沖地站起來吼道：「不用回答！這是憲法第五條修正案賦予的權利。」保羅冷冷地回答：「妳可以引用憲法第五條修正案，我沒意見。」

宣誓作證之前，我跟保羅一起為出庭做準備，他說在民事案件中，證人如果引用第五條修正案，法官與陪審團可以把它視為對方沒有說出完整事實，或是有所隱瞞。

緹安娜的律師對保羅吼道：「她不會回答你的問題，看你們是要繼續，還是我們走人。」保羅泰然自若地說：「證人要引用第五條修正案的權利嗎？」緹安娜說：「是的。」緹安娜的律師插話：「不是，不是，不是，不是，不要回答這個問題。她不回答你的問題！」緹安娜要是引用第五條修正案，幾乎等於承認她在家裡有虐待行為。

保羅與緹安娜的律師達成協議，決定打電話給史塔赫莉法官。電話接通後，保羅快速說明現狀，詢問緹安娜可以直接閃避問題，還是一定要引用第五條修正案，法官說：「他們必須回答，不然就要引用第五條修正案。」室內的一切似乎都停頓下來，緹安娜先是看向強尼，又看著她的律師。

律師說：「我們引用第五條修正案，不得自證其罪的權利。」強尼還是用過去那副窮兇惡極的樣子看著我。緹安娜的回答等於證實虐待行為，但強尼看起來無所畏懼的樣子。

緹安娜低頭看著桌子，看來這個答案帶給她非常大的壓力。我知道席爾家的爛攤子一向都是緹安娜負責收拾，過去住席爾他們家時，即使我站在牆邊，她還是會走過來吐露心事，把我摟進懷中，彷彿我是個值得信任的朋友。也許她覺得自己也被虐待和囚禁，人生被無數艱難的事情給綁住。

緹安娜終於抬起頭來看向我的臉，我覺得室內的一切再次停擺。白天快要結束了，我身體的腎上腺素在這幾個小時當中快速飆升，可以感受到肩膀緊繃、噁心反胃，內心怒火中燒。我希望這一切快點結束，

也許緹安娜已經做好畫下句點的準備，她終於對我說話，語氣尖刻而冷冽：「艾莉克絲，妳為什麼要說謊？我不知道妳為什麼要扯這麼大一篇的謊。」我有點記不清接下來發生的事情，只知道自己的腦袋一片空白，不受控制地站起來，暴怒隨著言語傾洩而出，我對著緹安娜大吼、咒罵。那整天我一語不發，現在卻一發不可收拾。我記得保羅拽著我的手臂把我帶到外面去。

他的聲音依然冷靜：「艾莉克絲，妳不能再說下去了，不能這樣。」他拉我走過律師事務所的大廳，經過媽媽身邊，到一個空間比較小的會議室。他說：「休息一下，讓大腦冷靜下來。不會有事的，妳很安全。」

方才的情緒宣洩就像過去面壁的時候，理智還有內心彷彿離開自己的身體。在那一刻，我不知道該怎麼振作起來。保羅說：「妳看不出來嗎？她指責妳是因為我們贏了。她引用第五條修正案，等於坦承自己虐待妳，而且還是在法官面前承認。」

我努力調整呼吸，但除了聽見怦怦的心跳聲，什麼也聽不見。我接下來說出的話，連自己也嚇了一跳：「我不行，我不行了，我做不到，太煎熬了，我受不了！」保羅凝視著我說：「好，那我們現在喊停。」

保羅回到大會議室，結束這天的宣誓作證。我走到大廳時，剛好看到強尼跟緹安娜在教訓媽媽。緹安娜站在媽媽面前厲聲說道：「妳女兒在裡面咒罵我。」我定睛看著媽媽，無法捉模她會有什麼反應。幾個月來，她為了讓一切變得跟想像中的美好人生藍圖一樣，始終相信席爾夫婦，並且配合他們的計畫。她曾經全心信任他們，不但把我送到他們家住，還把監護權交出去，即使我懇求說想回家，她寧願相信席爾夫婦也不相信親生女兒。她過去始終站在他們那一邊。

媽媽現在會站在哪一邊？我看她在椅子上動了動，起身拿起手提包，目光越過緹安娜，看向我站的地方，與我目光交會。她輕聲地說：「艾莉克絲，我該帶妳回家了。」

開車回家的路上，媽媽跟我甚少交談。我覺得自己跟爸媽之間好像一直都是如此，從來不知道怎麼開啟難以啟齒的話題，也許正因如此，才會那麼相信救恩計畫。只要按照計畫，即使是那些難以明言、無法談論的難堪事，都能水到渠成。

媽媽開車離開聖喬治，在回到祖父母家的路上，沿途經過一排紅岩懸崖。她語帶疲倦地說：「艾莉克絲，妳晚上想吃什麼？」她在律師事務所的大廳待了那麼久，內心似乎有所改變。最後，當緹安娜衝出來找她算帳，媽媽沒有默認也沒有附和，她不惜違抗提倡順從的宗教風格、不惜違抗緹安娜與強尼，也願意站在我這邊。

突然，熟悉的疼痛順著肩胛骨弧線蔓延開來，沿著脊柱直線往下，點燃痛楚的是那天排山倒海而來的壓力，以及眼前另一道屹立不搖的牆。席爾夫婦引用第五條修正案，這對我來說是空前勝利，而且甚至連媽媽也站在我這裡，我真的該滿足了。我只想回家。

18

告別充滿傷痕的過去，不再恐懼與憤怒

當時我三更半夜溜出側門，努力跑遠一點，躲在草叢堆裡等待第一班公車，只知道自己要盡可能遠離那個房屋，那個只因我是同志，就被囚禁整整八個月的地方。

我跟兒童與家庭服務科的人員、警察、治療師、醫師，還有法院指派的律師一起坐著，一遍遍說著我的故事，知道自己一定要想辦法，絕對不能再看到席爾夫婦。

住在安置中心那個月，我不但想回家繼續經營我的人生，還希望席爾夫婦受到應有的法律制裁。我小時候喜歡看《法網遊龍》，劇裡的律師為公平正義而戰、對抗不法，因此曾夢想移居紐約當個律師。簡單來說，無論當時還是現在，我都想和正義站在一起，並希望席爾夫婦不要再想治癒像我這樣的人。不僅如此，期盼世界上再也沒有同性戀孩子會被毆打、背著裝滿石頭的背包、被咒罵或做雜務。也許只要席爾夫婦受到法律制裁，就能阻止其他人這樣做，甚至還能消滅「同性戀孩子需要治療」的觀念。但要做到這些就必須起身對抗他們，而我從未預料到面對他們道然如此可怕、困難。宣誓作證結束後，保羅將往後的事情說得很清楚：「如果希望席爾夫婦被起訴，妳就必須作證。」

我一想到要再度跟席爾夫婦和他們的律師置身在同個空間，還必須強裝鎮定地坐在強尼與緹安娜對面，就感到相當恐懼。緹安娜前來宣誓作證那天，我差點撐不過去，當天情緒幾近失控，幾個月來累積的恐懼與憤怒存在我的神經，沿著脊柱深入骨髓。我沒挺過那次有緹安娜的作證，又怎麼挺過自己作證？

保羅說：「我希望妳能準備好，他們會對妳發動攻擊，並質疑妳說的每一句話。」我努力回想那些難以忍受的細節，尋找大聲說出口的勇氣，努力相信會有人願意幫忙，並聽見我的聲音。雖然我的故事背後充滿血淚，但仍希望好好保留並保護它們，如果要說出來，也一定要為社會帶來良好影響。保羅繼續說：「虐待兒童案件的刑事審判會公開進行，妳也許要在公開的法庭及媒體前作證，官司一打可能就是好幾個禮拜，甚至好幾個月。」

那幾天，我一邊上課一邊在餐廳打工，不斷思考保羅的建議。我想堅持到底，為自己、保羅，以及曾經或未來可能擁有類似經歷的年輕人勇敢。但沒人知道對抗席爾夫婦的官司要打多久，也許會讓我筋疲力竭，沒力氣跟上學校的課程，甚至無法唸完高中。除了耗盡精力之外，我一看見或想起席爾夫婦，黑暗的怒氣就在心中翻湧，整個人充滿恨意。我不想再感受到恨意，不想耗費精力在仇恨上，更不想再暴露於怨恨的陰影下。

某天晚上，我寫電子郵件給保羅說：「對不起，我真的做不到。」深呼吸之後，按下寄信鍵。我曾努力奮鬥過，現在該停下來好好過自己的人生，專心看向未來，而不是沉溺於過去。保羅完全能體諒我的心情。

那年秋季，我忙著學校的課業，並在餐廳兼職打工，還跟著辯論社到其他地方觀摩學習。在黛西的指導與支持之下，我學會發表意見，告訴別人自己的想法，這種感覺非常神奇。此外，我為了存夠搬離聖喬治的錢，開始上美容課，好在畢業後找份收入較高的工作。我一心一意放眼未來，但內心始終明白，有些東西不需要治療，卻需要在心中改善與療癒，當時的自己渴望一個平靜空間，慢慢療癒席爾夫婦帶來的創傷。我身為同志年輕人，想要以自己的方式思考，釐清怎樣的生活才算健康，才能做好獨自生活的準備。

我在斯諾峽谷高中結交不少同志學生，或是對同志友善的朋友，我們聰明又有藝術細胞，顯得與眾不同，但在某些人眼裡，性向卻是不可抹滅的瑕疵。這所高中好像有條隱形界線，這條線的依據在於是否接受LGBT。其中，蓋比絕對是我認識最狂放不羈的女生，她頂著紅色捲髮，一副天不怕地不怕的樣子。沒念書或工作時，我們一群人會開車在聖喬治四處轉轉，把收音機開到最大，就像美國每個小鎮的年輕人一樣，籌劃該怎麼永遠不回頭地逃離聖喬治。

那年秋天，聖喬治的同志年輕人有個值得高興的好消息，那就是很多學校都在組織同直聯盟，奮鬥的過程讓大家更團結。雖然傑森現在不在斯諾峽谷高中，但我們還是經常聯繫，記得某天晚上，我跟他一起到克勞迪雅的家中，參加同志家屬親友會的聚會。克勞迪雅長期擔任聖喬治同志家屬親友會的領袖，她家大門總是永遠敞開。當天有許多高中生參加，包括異性戀年輕人，還有許多較為年長的人士。看到這麼多人，我心裡感到非常高興。

聖喬治有越來越多年輕人出櫃，並在高中組織同直聯盟，卻遭遇包括校長在內的人們抵制。有人拆毀同直聯盟招牌，某些猶他州南部的高中校長，出手阻止學生成立同直聯盟。針對這個狀況，美國公民自由聯盟召開一場會議，邀請猶他州南部所有高中校長參加，公民自由聯盟在會議上明確表示，如果學校要阻止學生創立同直聯盟，必須關閉校內所有非學術性社團，包括運動社團。

美國公民自由聯盟的人員在校友會活動前，送給斯諾峽谷高中同直聯盟每個人一張卡片，上頭寫著：「認識你的權利」。他們也在學校活動與派對上，講述同性伴侶依法應享有哪些人權。有一次，我邀請同為同直聯盟成員的凱倫跟我一起參加舞會，她當時二年級，個子矮小，留著一頭短短的深色頭髮。值得一提的是，她是摩門教徒，爸爸甚至擔任教會的大祭司，不過全家都能接受她的同志身分，並且與同志站在同一陣線。舞會那天晚上，我穿著無肩帶深藍色洋裝開車到凱倫家，她的父母和三個弟弟正等著我。凱倫穿著長褲和一件燙平的襯衫，她媽媽叫我們靠著壁爐擺姿勢，拍了一大堆照片，她爸媽對我非常親切。

舞會在斯諾峽谷高中的體育館舉行，凱倫與我走向門口，把門票拿給門口的工作人員。一位灰白頭髮的年長女士狠狠看了我們一眼，並問說：「妳們是普通朋友嗎？」我說：「不是，我們要一起參加校友會活動。」另一位女士雙手抱胸說道：「這樣不行。」灰白頭髮的女士說：「請妳們去找真正的約會對象，才可以進去。」

幸好我有所準備。我從手提包拿出手機對她們說：「這樣啊，我應該先打給美國公民自由聯盟，還是先打給我的律師？」她們圍在一起商量一陣子，最後決定讓步，收了門票後放我們進去。

體育館裡架有一個巨大的白色帳篷，到處都裝飾著彩色小燈，我和凱倫跳了一整晚的舞，學校裡沒有學生對我們說不好聽的話，也完全沒發生衝突或任何不愉快。舞會結束後，我們開車到紅岩峽谷，把車窗全部打開，將收音機開得很大聲。我有種很奇妙的感覺，好像我本來就該如此自由，一切都會很順利。我們在車子裡親吻，然後送她回家。

舞會隔天是星期天，我睡到很晚才起床，沒有去教會。坦白說，我並不想念教會，因為那裡有許多不堪的回憶。我現在很享受一個人度過寧靜的星期天早晨，這種自由的感覺真的很令人著迷。

雖然校友會活動讓人感到很暢快，但我發現自己還有很長一段路要走，必須充實自己身心靈與情緒，才能真正擺脫席爾夫婦。還記得有一天，我在加油站碰巧遇到強尼，在孤身一人的真實世界中看見他，真的非常恐怖。我坐在車子裡動彈不得，腦袋一片空白，等反應過來，發覺自己猛按著方向盤上的喇叭。我根本不知道他有沒有看到我，但大概按了兩分鐘後才恢復理智。在那短短的時間內，我甚至想踩油門撞他的車子，但終究還是深呼吸、抓緊方向盤，擺脫這個念頭。

感恩節過後不久，我和好友亞倫在教會經營的廉價二手商店買東西，沒想到卻發現緹安娜在這裡上班。我知道她被感化院停職，也知道她肩上背著養家的壓力，但看到她之後還是失去理智，腦袋一片空白，就像宣誓作證那天一樣雙腿麻木，我聽見自己對她大吼，但不記得吼了什麼。只記得亞倫把我拉出店外，送我回家。

十二月的某段時間，我發覺自己每天下班回家，都會將車子暫時停在席爾家的對街，看他們家是不是又來了新的孩子。我甚至幻想要衝進他們家車庫，解救被關在裡面的人。

後來，我跟一個叫作麗娜的女生交往。麗娜的髮色很深，個性文靜且富有藝術氣質，她的家人不是摩門教徒，完全能接納同志。某天晚上，麗娜跟我一起在車上，我一時衝動地對她說：「我要對席爾家丟雞蛋，然後戳破他們車子的輪胎。」

我覺得內心有種黑暗的重量壓著自己，必須用憤怒反擊。麗娜把我的手從方向盤上拿下來，並握緊我的手說：「艾莉克絲，我們不要這麼做。深呼吸，妳現在很安全。」

那八個月的恐怖回憶綑綁著內心，還好有一群朋友帶領我回歸自己想要的人生，以及未來的人生。但是，我卻不斷拿過去該做而沒做到的事折磨自己，因此我決定要走出來。

官司結束之後，我有一陣子經常閱讀在席爾家寫的日記，一打開日記就非常憤怒，不只是對席爾夫婦生氣，也對自己生氣。雖然我早已脫離他們家，但一投入日記的世界，心情就跌落谷底。我必須解放自己，否則會失去真正的自由。十二月的某個晚上，我拿著日記走到祖父母家後院，並把它放在花盆裡，接著用打火機點燃。我光腳站紅土地上與星空之下，看著八個月來的一頁頁血淚化為灰燼。

我漸漸學到重要的一課，就是我們並非想像中的孤單，只要幫助自己，就會有人以意想不到的方式，走進你的人生。我剛到席爾家那段日子，從未想過這個城市會有人伸出援手或信任我。的確，許多人對我的困境視而不見，從大祭司到超市的陌生人，全都不肯幫我。但我也遇到許多願意幫助我的人，像是傑森、黛西、保羅、珊卓，以及那位明知我付不起車資，還是讓我搭車的司機。此外，保羅的同事布列特付出時間與專業幫忙，全國女同性戀人權中心的凱特與夏儂，則在遠方支持我。我燒掉日記後，收到凱特寄來的信：

寄件者：凱特・坎道爾

日期：二〇一一年十二月十四日星期三下午四點零九分

主旨：妳注定會有偉大的成就

親愛的艾莉克絲：

得知妳逐漸遠離過去幾個月的惡夢，真的很高興。希望妳能明白，這份挺身而出的勇氣鼓舞了我們，也徹底改變猶他州整個兒童福利體系的運作。因為這個反擊，再也不會有年輕人承受妳所受過的痛苦。

希望妳結束高中的學業後，能順利在大學展開未來人生，迎向強大又有意義的將來。我始終相信妳注定會有偉大成就，因為妳非常聰明，又比我認識的大多成年人還要勇敢，好希望能看見妳未來的傑作。

當然，我也希望妳身邊能有支持並愛著妳的人，如果在鹽湖城需要協助，請與我聯繫。妳經歷這麼多，現在應該好好照顧自己，重建最重要的人際關係，過好往後的生活。期待有一天我們能見面，但在那之前，請記得背後有一大群人給予支持，隨時願意提供幫助。如果願意，請與我們保持聯絡，分享妳的近況。祝妳假期愉快。

祝　安好

全國女同性戀人權中心執行長　凱特・坎道爾

19

永遠要相信，一定能開創更美好的未來

我的故事並不歡樂，但幸好有個好結局。媒體報導不少十幾歲的同志自殺，或面臨種種悲慘遭遇，對我來說，他們的痛苦與苦難非常真實。我們需要透過更多故事向世界證明，即使外界大舉施壓，或是試圖改變，我們也能堅強韌性地度過難關。

二〇一二年六月，我從斯諾峽谷高中畢業後拿到美容師執照，並如同凱特所建議，努力建立新人生。我和麗娜都十分努力工作，存夠錢後就搬到奧勒岡州波特蘭，住在市區的一間小公寓。我牽著女友的手，走在潮濕又充滿落葉的街道上，聞著小吃餐車傳出的美妙香氣，瀏覽書店架上的書本，感受從未體會過的自由。

我在波特蘭擔任募款人員，替貧窮兒童募集基本教育的資源。現在全世界有一億名學齡兒童沒辦法上學，但深陷貧窮的孩子只要接受兩年小學教育，就能擁有基本讀寫能力，足以創造一條脫離貧窮的道路，而且這兩年的小學教育，帶給女生相當顯著的幫助。

女生只要接受兩年教育，便有更高機率可以延後生育，落入人口販賣的機率也大幅下降。還記得某個星期六，我的團隊達成目標，為菲律賓的九十五位女生找到贊助人。根據估計，菲律賓是全球第四危險的性交易大國，約有十萬名兒童被迫賣淫。此外，我個人也自願贊助四位女生，其中兩位在哥倫比亞，另外兩位在獅子山共和國。

身為募款人員，經常需要整天站在街角，詢問路人是否願意贊助，長時間久站，我的背部會感受到疼痛，尤其在濕冷的雨天，以前背著石頭背包的舊傷會重新發作。但這些疼痛還可以忍受，我熱愛現在的工作，因為這是自己一直想做的事：挺身對抗不公不義，為無力的人們發聲，讓他們擁有更美好的未來。

此外，在寫這本書的過程中，經常喚醒那些想遺忘的痛苦回憶，它們伴隨一陣陣恐懼、焦慮、悲傷與痛苦，衝擊我的心靈。大多數日子我都能釋懷，但還是有心痛難忍的時候。至於信仰，雖然宗教深深影響我的家庭和成長過程，但同時也幫我撐過在席爾家最煎熬的日子，因此始終對它抱持複雜想法，平常也盡量不去多想，我認為這是最健康的路。

某次，保羅因為工作的關係來波特蘭，順道拜訪我。我親手做晚餐請他吃，並帶他去我最喜歡的波特蘭餐廳吃飯。一想到他即使在兄弟過世的傷心時刻，仍鼎力幫助我爭取正義，內心就湧上一股暖意。他不只免費當我的律師，即使面對猶他州司法體系內部的強大威脅，依然勇敢直前，因為他堅持十幾歲的女同志有權在法庭發聲。

如今，保羅仍在鹽湖城市區的知名律師事務所工作，他是公開支持猶他州LGBT的重要改革人物。很難相信僅僅幾年前，猶他州政府公開宣稱父母有權改變同性戀子女，甚至可以動用「治療」的名義，實行虐待的手段。

二〇一三年十二月，猶他州成為美國第十七個同性婚姻合法化的州。保羅親自主持猶他州第一對女同性戀的婚禮，並率領一票律師事務所的律師，代表西部與南部鄉間幾個州的LGBT人權組織，向美國最高法院提出陳述書，要求推翻加州的「八號提案㉕」與《捍衛婚姻法》㉖。為了表彰保羅的貢獻，他獲頒猶他州律師協會的「年度最佳公益律師獎」。二〇一五年六月，保羅在猶他州同志大遊行慶典上，獲頒「猶他州英雄獎」。

怡菲仍住在亞利桑那州，偶爾會跟我聯繫，她上次打電話來說自己半工半讀念完大學，如今打算開始念醫學院。她把獨立精神與聰慧發揮在讀書上面，並選擇了能幫助他人的職業。我希望她一切安好。

傑森目前住在聖喬治，仍過著真實不虛假的人生，如今即將結束按摩治療師的訓練。很感謝他在我不敢明言時，就看見真正的我，也感謝他讓我認識保羅和黛西。他的勇氣與堅持，深深影響猶他州同志青少年的人生。我想勸他搬到奧勒岡州，並希望他盡快搬過來。

至於黛西，每天太陽照耀紅岩山麓時，她就已經待在教室備課，等著向學生講解關於勇敢與勇氣的書，並為無數高中生營造安全的環境，想必許多孩子都需要這樣的環境。

在傳統的宗教團體，或是各地的保守鄉間地區，ＬＧＢＴ相較於異性戀孩子仍是弱勢，經常受到肢體、情緒，以及性虐待，並更容易遭受刑事司法體系處罰。許多ＬＧＢＴ孩子因為遭到家人排斥，心理健康出現問題，因而濫用毒品與酒精。根據估計，在類似猶他州這樣的地方，每年約有五千名年輕人無家可歸，其中至少有四〇％是ＬＧＢＴ，而且大多來自摩門教家庭。

我期盼能透過自己的故事來幫助這些年輕人，希望所有自認身處困境或無處可逃的人，聽到我的故事後會得到慰藉。在還沒逃出席爾家之前，我利用學校的午餐時間，用傑森的手機慌亂求助，保羅那時就告訴我，情況會好轉，只是我當時不相信，一點也不相信。

我的故事足以證明，在艱難的處境中，即使覺得沒人會幫助自己，即使認為必須孤軍作戰，仍然要懷抱希望。無論現實多麼困難無助，只要勇敢捍衛自己的權利，開口說出真相，就會有人提供幫助。未來可能遇到像傑森一樣直覺敏銳的人，他僅是和我這個沉默的新同學

㉕ Proposition 8，二〇〇八年加利福尼亞州提出的一項州憲法修正投票提案，限定婚姻關係只限於一男一女，從而否定同性婚姻。

㉖ Defense of Marriage Act，是美國聯邦法律的一項，允許各州拒絕承認其它州的合法同性婚姻。二〇一三年，這項法案被判定為違憲，同性伴侶得以在聯邦法上享有婚姻福利。

做朋友，就拯救我的一生。也可能遇到像珊卓一樣提供悉心照顧的人，她說並非每個摩門教徒都對同志抱有負面看法。或許會碰到像黛西一樣的人，她為了保障我的安全，不惜拿自己的職涯當作賭注。此外，像法官史塔赫莉一樣在體系內部工作的人，也可能願意聽聽我的說法。最後，也許還會認識像保羅一樣的人，他願意免費工作，換取我的安全與發聲機會。

我希望用自己的故事，鼓勵並頌揚像傑森、黛西、保羅、珊卓等人，他們傾盡全力幫助LGBT年輕人。此外，也希望自己的故事能幫助有類似情況的父母與家庭，他們往往認為信仰與傳統較能帶給他們安全感，因此常對家中的LGBT孩子感到不知所措。

爸媽跟我很有默契地絕口不提席爾家的事情，但我倒是提過一次。某個星期六早上，爸爸在聖喬治市區的街上教我開車，我們在布萊夫街與聖喬治大道的轉角等紅燈，那天早晨天氣晴朗，車上只有我們父女倆。

我坐在駕駛座深呼一口氣說：「爸，你們為什麼把我丟在那裡？」他沉默一會兒才說：「他們真的叫妳背著石頭，一天面壁好幾個小時嗎？」他的視線看著街上的紅岩山丘，接著又說：「這怎麼可能，妳怎麼可能受得了。」

綠燈亮了，我踩下油門，換個話題。即使有警方記錄、法庭記錄和病例記錄，還是得不到爸爸的信任，即使我兩邊的肩胛骨不一樣高，每天都感受得到背部舊傷，爸爸還是不相信我。但我能理解，他很難接受我因為身為同志而被虐待，應該說遭受酷刑才對。而最令他難以釋懷的是，把我推向酷刑的就是他們。

儘管如此，我知道爸媽還是很愛我。爸爸特別請了幾天假，開車載我到波特蘭幫忙搬家，我們出發時，媽媽眼裡噙滿淚水。還記得搬家前幾個月，他們朝接受我的同志身份又邁進一大步，開始會以開玩笑的方式談論同性戀的話題。我跟媽媽通電話時，她不停暗示我說想要外孫，爸爸則常拿婚姻話題說笑，他語帶笑意地說：「家裡就剩妳還沒孩子。」我反嗆回去說，自己不確定要不要生孩子，因為還沒準備好定下來，爸爸繼續開玩笑說：「那我什麼時候才能帶著妳走紅毯？」如今回想起來，在全美各地的同性婚姻法通過之前，婚姻對我來說是想都不敢想的事情。

在爸媽眼裡，我的遭遇讓他們不好受，畢竟身為LGBT孩子的父母並不容易，尤其像我這樣個性強烈的孩子，必須堅強才能生存下來。如果上帝的計畫沒有同志的位置，一家人又必須按照上帝的計畫才能永遠在一起，當聽見孩子親口坦承自己是同志時，父母內心建構的世界肯定會崩塌。我知道他們覺得必須改變我才能拯救一切，一家人才能在天堂團聚。至今，我仍很難想像任何一個家庭的任何一個孩子，需要承擔這麼大的壓力，也很難想像竟然有人會利用這種恐懼與壓力，鼓吹父母把孩子送去感化院，跟陌生人住在一起。還記得爸媽把我交給陌生人，開車離去的那一刻，是我最恐懼、迷茫的時候，當時的我想死，而且統計數據也證明不是只有我這樣想。

被送往感化院的孩子到頭來往往只會更痛苦，甚至可能傷害自己，因為孩子最想要的是父母的愛、力量，還有寬慰。如果你身為父母，覺得自己跟孩子面臨難以忍受的困境，這一次輪到我說：「會好轉的。」不必把孩子送走，父母與家庭也會好轉。即使你覺得找不到答案，即使孩子的選擇讓你驚慌失措，還是會有人幫助你，讓你成為更堅強、更有知識的父母，而且不需要放棄信仰。無論你是否住在保守的宗教社區，一切都會好轉的，如今越來越多協助這些家庭的管道與資源（本書結尾附上相關資訊的列表）。

現在有越來越多父母願意和LGBT子女站在同一陣線，過去這幾年出現一個叫作「龍媽媽」的團體，由LGBT子女的摩門教徒母親所組成，龍媽媽願意挺身捍衛自己的子女，對抗一切誤解與虐待。我希望我的故事，能鼓勵全美各地的龍媽媽與龍爸爸，無論是否信奉摩門教，都要堅強屹立。

我想告訴這個世界所有的LGBT少年少女，如果傳統計畫瓦解，或是沒有我們的容身之地，也要想辦法在這世上打造自己的家。我們要擴大家庭的定義，包容身為同志必須面對的思想與種種難處。我認為所謂家庭，就是選擇看見彼此，承認每個人的感受都完全真實。即使計畫分崩離析，還是可以深呼吸、屹立不搖地守護彼此。而且我的故事已經證明，無論是父母還是子女，每個人的情況都會好轉。

凱特說我注定會有偉大成就，我不曉得這句話的意思，只知道終於獲得自由的感覺有多麼美妙。能自由自在地做真實的自己、享受充實人生，真的是一件非常幸福的事情。我想向所有遭遇類似經歷的人說：改變也許需要時間、努力和勇氣，但終究會好轉。

當我找到發聲的機會，才知道這是多重要的事。說出這個故事不只是為了捍衛自己，也是為了其他人的利益，雖然過程中非常難熬，甚至可說是相當痛苦，但我願意在法庭上為自己而戰，這也確實讓猶他州政府承認同志的人權與法律權利。在猶他州及在全美各地，LGBT少年少女理應在法律的保護之下，過著充實且安全的人生，因為我們有權發聲，有權拒絕宣稱能治癒我們的危險手段，有權在學校不受到霸凌與騷擾，有權擁有一個能為我們伸出援手的司法體系。

如今全美各地的LGBT相關法令已有改變，或是正在改變，最後走向全美同性婚姻合法化，這是多麼了不起的進步。不過，雖然婚姻平等是重大成就，仍有許多需要努力的地方。期盼有一天，所有LGBT族群都能享有真正的平等，再也不會有LGBT孩子睡在街頭，或是在學校受到霸凌，不會有人看到我們，就覺得需要矯正或治療。美國好幾個州的議會，都考慮立法禁止「治癒」同性戀，也許我的故事能推動相關立法。

我分享自己的故事也是想實現另一個心願，那就是再也不會有LGBT孩子覺得在身體、情緒或精神上，必須面臨一道擋在他們面前的高牆。希望每個人都知道，我們的不同之處，正是強大之處。

由左至右分別是傑森・奧斯曼斯基、艾莉克絲・庫柏，以及保羅・柏克。

致謝

說出這段痛苦至極的人生經歷並不容易，我努力還原現實，並從記憶、日記還有法院記錄的資料中，試圖拼湊出最完整的故事。此外，我在寫本書時，為了保護隱私，更動了一些人的姓名與辨識特徵。

我要感謝保羅・柏克、布列特・托曼、Ray Quinney & Nebeker 法律事務所，以及法界每個出手相助的人，尤其感謝保羅在大小事情上面指點我，培養出我如今的獨立性格。

感謝全國女同性戀人權中心的凱特・坎道爾等人，在我最難熬的時候給予鼓勵。感謝我的摯友喬安娜・布魯克斯為我代筆。感謝傑森・奧斯曼斯基幫助我說出真話，讓我學會信任別人。

感謝黛西・尼爾森不惜賭上教職也要幫我，簡直是我心中的英雄。感謝珊卓照料我，並照料每個安置中心需要照應的孩子。感謝艾薇與艾莉絲，讓我在波特蘭也不孤單。感謝麗娜讓我愛妳。

最後，感謝我的父母，很開心能有如今的情分，讓我可以分享我的人生，而你們也願意給予支持。

ＬＧＢＴ資源分享

如果你是ＬＧＢＴ孩子的父母，請參閱家庭接納計畫，網址是http://familyproject.sfsu.edu。網站的資源能協助家庭為ＬＧＢＴ孩子打造更健康安全的人生。網站有英文、西班牙文及中文版本，網站內容專為信仰宗教的家庭設計（例如摩門教家庭），幫助這些家庭在宗教與子女的需求間找到平衡。而且，家庭接納計畫的人員也發表研究報告，一旦ＬＧＢＴ孩子進入兒童福利與刑事司法程序，應該給予怎樣的協助最為理想。

如果想加入全國性的運動，終止號稱能治癒或改變同志年輕人的危險行為，請支持全國女同性戀人權中心的「#BornPerfect」運動。若想知道居住的地區會不會保護同志孩子，可至全國女同性戀人權中心的網站（http://www.nclrights.org/our-work/bornperfect/）查詢。

若你是需要幫助的ＬＧＢＴ孩子，請參閱The Trevor Project網站（http://www.thetrevorproject.org），受過專業訓練的志工顧問，將提供全年二十四小時的簡訊、通話，或線上聊天服務。此外，The Trevor Project也針對輔導ＬＧＢＴ孩子的成年人，提供相關資源，可參閱http://www.thetrevorproject.org/section/education-training-for-adults。

國家圖書館出版品預行編目（CIP）資料

堅定的態度：在霸凌與偏見的世界裡，我決定在 16 歲時戰勝你！/ 艾莉克絲・庫柏、喬安納・布魯克斯著；龐元媛譯
－－初版. －－新北市；大樂文化 ， 2020.5
272面；14.8×21公分. –（POWER：26）

ISBN 978-957-8710-72-6（平裝）

1. 庫柏（Cooper, Alex, 1994-） 2. 同性戀 3. 傳記 4. 摩門教

249.952 109004744

POWER 026

堅定的態度

在霸凌與偏見的世界裡，我決定在 16 歲時戰勝你！

作　　者／艾莉克絲・庫柏、喬安納・布魯克斯
譯　　者／龐元媛
封面設計／蕭壽佳
內頁排版／思　思
責任編輯／劉又綺
主　　編／皮海屏
發行專員／王薇捷、呂妍蓁
會計經理／陳碧蘭
發行經理／高世權、呂和儒
總編輯、總經理／蔡連壽
出 版 者／大樂文化有限公司
地址：新北市板橋區文化路一段 268 號 18 樓之 1
電話：（02）2258-3656
傳真：（02）2258-3660
詢問購書相關資訊請洽：2258-3656
郵政劃撥帳號／50211045　戶名／大樂文化有限公司

香港發行／豐達出版發行有限公司
地址：香港柴灣永泰道 70 號柴灣工業城 2 期 1805 室
電話：852-2172 6513　傳真：852-2172 4355

法律顧問／第一國際法律事務所余淑杏律師
印　　刷／韋懋實業有限公司

出版日期／2020 年 5 月 25 日
定　　價／320 元（缺頁或損毀的書，請寄回更換）
I S B N　978-957-8710-72-6